KB211425

부끄러움을 버리고 부러움을 사다

부끄러움을 버리고 부러움을 사다

1쇄 펴낸날 · 2013년 10월 1일
2쇄 펴낸날 · 2013년 11월 22일
2판 찍은날 · 2014년 12월 6일
  펴낸날 · 2014년 12월 10일

지은이 · 박근아
펴낸이 · 임형오
편집 · 최지철
디자인 · 이선화
펴낸곳 · 미래문화사
등록번호 · 제2014-000151호
등록일자 · 1976년 10월 19일
주소 · 경기도 고양시 덕양구 삼송로 139번길 7-5, 1F
전화 · 02-715-4507 / 713-6647
팩스 · 02-713-4805
전자우편 · mirae715@hanmail.net
홈페이지 · www.miraepub.co.kr

ⓒ 박근아 2014
ISBN 978-89-7299-433-6 03320

- 이 책은 저작권법에 따라 보호받는 저작물이므로 무단전재와 무단복제를 금지하며, 이 책 내용의 전부 또는 일부를 이용하려면 반드시 저작권자와 미래문화사의 서면 동의를 받아야 합니다.
- 잘못 만들어진 책은 바꾸어 드립니다.
- 책값은 뒤표지에 있습니다.

생각성형 전문가의
마인드 레슨

부끄러움을 버리고 부러움을 사다

박근아 지음

미래문화사

◆ 겸손하고 선한 마음씨로 말을 걸어오는 사람

저와 박근아 아나운서와의 인연은 '입사동기'로 시작되었습니다.

함께 일하는 동안 소소한 이야기들이 많지만, 시간이 흐르고 난 뒤 그 시간들이 모여 제 안에 그려진 그녀의 이미지를 이야기하는 것도 괜찮겠지요?

그녀를 떠올릴 때 머릿속에 채워지는 색깔은 화사한 연두색과 주황색입니다. '롤리팝' 캔디 아시죠? 어린 시절 사탕가게 유리상자 속에 담긴 달콤한 캔디의 그 빛깔. 그걸 바라보고 있노라면 이유 없이 심장이 콩닥거리고 기분 좋게 설렜잖아요.

박근아 아나운서는 그런 친구예요. 만나면 덩달아 기분이 좋아지고 내 얼굴이 미소를 머금게 되지요. '소통'의 종착지가 '웃음' 아니던가요? 스피치 디자이너로서 사람을 웃게 만드는 그녀 내면의 힘은 훌륭한 재능이라 생각됩니다.

참, 하나만 덧붙일게요! 그녀의 첫인상으로 남아있는 신입사원 환영회 자리. 상사와 선배들에겐 풋풋한 새내기를 만나는 기대되고 편안한 자리지만 당사자인 신입사원에게는 떨리고 두려운 자리이기도 합니다. 그때, 자기소개에 이어 그녀가 부른 맛깔나고 간드러진 트로트 가락이 아직도 기억납니다. 사실, 엄청난 경쟁률을 뚫고 당당히 입사한 예쁘고 고고한 여성아나운서는 그 이미지 그대로를 선배들에게 선보이고 싶었을 거예요. 하지만! 박근아 아나운서의 선택은 자신을 버리는(?) 귀여운 푼수녀의 모습이었지요. 경직됐던 자리가 순식간에 환호성과 함께 말랑말랑해진 것은 물론이고요.

그녀만의 소통법에 또 다른 힘은 바로 이 '무장해제'에 있다고 생각됩니다. 꽁꽁 닫고 있던 상대의 마음 문을 스스로 낮아지는 겸손으로 활짝 열어 버리는 거죠. 나보다 낮은 선한 마음씨로 말을 걸어오는 그녀에게 그 누군들 입을 열지 않을 수 있겠습니까?
여러분의 상냥한 스피치 친구로 그녀를 소개합니다.

−문혜진

JTV 전주방송 아나운서로 근무

현, KBS부산총국 MC 〈아침마당〉진행

차례

01 피하지 말고 너의 목소리를 들어

04함께 있으면 좋을 사람

05통찰은 쓰라린 경험에서 생긴다

06숙련자로 가는 길

자존감을 이끌어 내는 여정

아나운서들은 특강 제의가 제법 들어온다.

주로 스피치에 관한 것이 대부분인데, 현대에는 자기 의사를 여러 사람들에게 효과적으로 전달하는 능력이 절실히 요구되기 때문일 것이다. 그래서인지 강연을 들으러 오는 사람들은 스피치 기술이나 요령을 들을 수 있으리라 기대하고 온다. 나 역시 처음에는 그것들을 알려주고자 했다. 하지만 여러 차례의 강연과 특강, 대학 강의를 하다 보니 테크닉보다 중요한 근본적인 문제가 있음을 알게 되었다.

말이라는 것은 누구나 잘할 수 있다. 그래서 말하는 요령을 알려주면 바로 수긍한다. 하지만 사람 앞에서 해보라 하면 심장은 두근거리고 말이 잘 안 나와 당황스러워한다. 많은 사람의 시선 앞에서 자기표현을 해 본 적이 드물기 때문이다. 스피치를 잘하고 못하고는 기술의 문제가 아니라 경험의 차이에서 온다. 그래서 스피치에 따로 교재를 두고 이론에 치중하는 것보다, 체험의 장을 만들어 주는 것이 더 효과적이라고 판단했다.

대학 강단에 〈스피치와 프레젠테이션〉이란 이름으로 강의하게 됐다. 학생들은 실습보다 듣는 걸 더 바라는 눈치였다. 그래서 자율적으로 나서게 하는 방법을 모색했다.

나는 수업을 듣는 사람의 마음속에 내재되어 있는 열정을 요동치게 만드는 것부터 시작했다. 그것이 내가 추구하고자 한 '마음을 여는 스피치'였기 때문이다.

두려운 마음을 떨쳐내지 못하면 늘 듣기만 하고 마는 박제화 된 수업에 불과하다.

마음이 요동쳐야 온전히 받아들일 수 있다.

가장 기본은 마음의 생각을 바꾸는 일이다.

생각이 바뀌면 태도가 바뀐다. 그래서 스피치 전문가로서 테크닉보단 먼저 생각을 바꾸라 말한다. 그러면 행동도 변하고 전체적인 삶도 변화하게 될 테니까!

어색해서 피해왔던 공포증에 맞설 수 있도록 숱한 시행착오 끝에 느끼고 깨달은 체험담을 들려주며 독려했다. 시간이 좀 걸리더라도 마음속 깊은 곳에 울림을 전하고자 늘 노력했다.

어느 날, 강의하고 있는 내게 벅찬 감동의 표정을 보내주는 사람들이 하나둘 눈에 들어오기 시작했다. 그들은 변하려 조금씩 요동치고 있었다. 변화하고 싶다는 눈빛이었다.

처음에는 별생각 없이 들어왔던 학생들도 마음이 열려서 활기차게 참여하는 변화된 모습들을 볼 수 있었다. 점수를 떠나 세상 속으로 당당히 들어갈 수 있는 용기를 얻어 스스로의 잠재력을 확인하고 자신감이 생긴 것이다.

그런 것을 깨닫게 해주려는 수업이었다.

기말시험에선 어마어마한 창의력을 보여줘 나조차 깜짝 놀라기도 했다.

무언가에 억압당하고 강요당했기에 몰랐던 우리였는데, 한번 끌어내주기만 하면 각성하여 스스로 당당히 목표를 향해 걸어가는 것을 수없이 보았다.

전율이 느껴졌다.

아! 바로 이거구나. 확신이 왔다.

그 이후, 내가 강의하는 강의실은 언제나 요란한 환성과 흥분이 넘실거리는 공간이 됐다.

◆ <u>희망을 품은 산골 소녀</u>

구불구불 산길을 넘어야 우리 집이 겨우 보인다. 가끔 어머니는 통

화하다 "아이구야! 잠깐만", "왜 엄마, 무슨 일이야?"하고 물으면,
"뱀이다, 뱀."하며 끊으신다.

　난 뱀을 경악하며 싫어하지만, 어머니는 잡으면 돈 된다면서 그
런 뱀을 잡아버린다. 언젠가 어머니가 응급실에 실려 가신 일이 있
었다. 뱀에 물렸다는 것이다. 그것도 독사였다. 살면서 독사에 물릴
확률은 거의 없을 것이다. 얼마나 산골이면 뱀에 물릴까 싶을 정도
의 골짜기에서 유년시절을 보냈다. 사람들은 지금 내 모습을 보고는
선뜻 믿질 않는다. 내 고향이 어디일 것 같으냐고 물으면 "서울 여자
같아요." 라는 대답을 종종 듣는다. 그러면 "난 반전 있는 여자다."
라는 우스갯소리로 내 과거 얘기를 풀어간다. 지금도 고향에서 부모
님은 소 키우신다. 그곳이 전부라고 생각하신다. 난 그곳에서 조용
히 꿈을 키웠다.

　그때 나는 부끄러움을 많이 타는 아이였다. 놀러 온 친척들 얼굴
보기가 부끄러워서 급하게 장롱 틈에 숨다가 얼굴에 칼자국 같은 흉
터를 내기도 했다. 다른 집에 왔을 때는 밥숟가락조차 들지 못 하고
위축되어 있었다. 사람들 만나는 것도 심하게 부끄러워서 가기 싫단
말은 못하고 다른 피할 수 있는 핑곗거리가 없나 끙끙댄 적도 많았다.

　그렇게 부끄러움 많던 내가 지금은 아나운서, 교수, 강사라는 소리
를 듣는다.

이젠 부끄러움을 느끼지 않느냐고 물을 수도 있겠다.

단언컨대, 난 여전히 부끄럼을 많이 탄다.

그런데 어떻게 이런 일들을 할 수 있느냐고 묻는다면, 부끄러움에
도 불구하고 생각한 대로 실천했다는 것이 답이다.

현재의 나를 보는 이들이 '부럽다'고 말해준다. 일확천금이나 커다
란 명성을 가져서가 아니라 지금의 내 생각과 행동이 부럽게 느껴지
기 때문이다. 삶을 대하는 자세가 어제보단 오늘이 '점점 좋아지고
있다'여서 일까. 스스로 늘 생각한다.

"예전보단 지금 너 참! 멋지게 살고 있다!"

대부분은 부끄러워 말하지 못하고 실천하지 못한다. 그래서 포기
하는 것이 수없이 많다. 지금도 어디선가 부끄러워 자신 없어 하는
이들에게 나의 이야기를 들려주고 싶었다.

나 또한 고등학교 시절까진 내가 뭘 하고 싶다 말하지 못했다.

주변 사람들이 뭐라 생각할지에 대한 잡념이 너무 컸다.

이런저런 잡념은 눈덩이처럼 불려져 진한 부끄러움 공포증(포비아
phobia)을 만들어낸다.

하지만 인생을 그냥저냥 살다간 사람으로 남고 싶지 않았다.

누군가에게 희망이 되고 싶었다. 그리고 변화시켜주고 싶은 마음으로 가득했다.

그런데 변화시키려면 누군가가 나의 말을 들어줘야 할 텐데.

내 말을 들어주는 직업이 뭘까 오랫동안 생각했다.

그게 바로 아나운서였다.

아나운서가 되고 싶다 생각한 이후로 그것을 위해 전력 질주했다.

1년 직 5년제 계약직원으로 지역 공중파 방송국 아나운서로 입사했다. 그 이후 정년이 보장되는 위치로 바뀌었다. 그리고 대학 강단에서 아나운서 겸 강사로, 스피치 디자이너로, 유연한 진행으로 각종 행사를 도맡아왔다. 혹자들은 '이 사람은 하고 싶은 일을 순탄하게 해왔구나.' 라고 생각한다. '원래 많은 것을 갖고 있으니깐 저렇게 말하는 거겠지.' 라는 편견을 가진다. 앞날이 보장되지 않았던 불안한 계약직원, 어쩌면 내 처지를 비관해 쉽게 포기했을지도 모른다. 하지만 좋아하는 일을 포기하기 싫어 더 배우려고 용기내어 부딪쳤더니 어느새 성장해 있었던 것이다.

◆　 <u>삶은 늘 우리를 시험에 들게 한다</u>

행복한 일을 택하고 자신감을 갖기까지의 과정들 속엔 비슷한 룰 같은 게 있는 것 같다.

자신감은 확신에서 오고, 확신은 변화에서 온다.

흔히 저 사람은 어디서 저런 자신감이 오는 거야? 라는 말을 한다. 가만히 지켜보면 그건 변화에서 시작된다.

변화하지 않고 곧바로 자신감이 갖춰지기란 어려워 보인다. 거기엔 분명 마음속에 변화가 있어야 하고 확신이 와야 한다. 그리고 그 확신이 오면 분명 자신감이 붙을 것이다.

내가 겪었던 시련, 실수. 나와 비슷한 환경에 처해 꿈을 접으려는 이들에게 희망이 되고자 한다. 무난했던 환경이 아니어서, 스스로 변화하고 깨달아야 했기에 더 할 수 있는 말이 많아졌다. 힘든 시기가 지나면 힘든 사람들이 보인다. 그리고 그들을 돕고자 하는 마음이 생겨난다. 이러한 내용들을 많은 이와 공유하고 싶다. 공유해서 그 희망의 전파가 좀 더 넓은 곳으로 퍼져 나가길 바란다.

강의가 끝난 후 한 학생이 찾아왔다.

"강의를 듣고 있으면 뭐든 해볼 수 있을 것 같아요. 하지만 문을 열고 나가는 동시에 그 의지가 자꾸 꺾이려 합니다. 제 생각엔 전해주신 말씀을 책으로 엮어 주시면 저처럼 흔들리는 이들에게 도움이 될 게 분명합니다."

계속 이어지는 강의 이후 이 같은 마음을 전하는 사람들이 점점 늘어났다. 20대 젊은 청춘에서 주부, 60대 어르신까지 나이 불문하고 나의 말을 자꾸 되새기고 싶다 한다. 들었던 강의를 재차 들으러 오는 청강생들도 있었다. 흔들리고 있는 이들에게 이런 이야기가 필요했구나, 하고 다시 한 번 생각한다.

흔히 '노력하면 된다'라는 말을 한다. 특히 엄마들은 자식 등짝을 두들기며 "너 노력 좀 해라" 라고 말한다. 이런 식의 말은 잔소리다. 용기를 불어넣어 줄 방법을 딱히 고민하지 않는다. 그저 윽박지르면 된다고 생각한다. 방법론은 없고 원론적인 소리만 하니 막연하게 느껴질 뿐이다. 그래서 '뭐? 어떻게?'를 궁금해하는 사람들이 많다. 그래서 막연함을 구체화해서 정리해봤다.

말을 하던 내가 생각을 글로 옮기기까지 이 과정 또한 혼자 힘으로는 힘들었을 것이다. 나의 관찰 레이더망에 흔쾌히 들어와 소재 기부를 해준 이들, 지인들의 격려, 심혈을 기울여 예쁘게 편집해준 출판사 관계자들이 있었기에 가능했다.

어렵게 읽히는 책이 아니길 바라는 마음으로 출발했다. 진한 부끄러움 공포를 앓고 있는 당신에게 강장제 같은 역할이 됐으면 한다.

부끄러운 마음을 극복하는 강장제로 쓰시길!

2013년 가을, 박근아

Chapter01

.·피하지 말고 너의 목소리를 들어·.

능력지금
나의목소리..
나의꿈목소리..
생각성형?
내성적
눈치

부끄러운 꿈은 없다

사람들은 의외로 꿈을 말하는 것을 꺼린다.

많이 부끄럽고 그 꿈을 이루지 못할 수도 있다는 우려 때문이다.

나 또한 사람인데 왜 그런 생각을 안 했을까.

그래서 역발상을 시도했다.

그런 사람들이 많으니 나는 오히려 말해버리는 편을 택하자고 말이다.

그 결심을 내리기까지 나도 얼마나 망설이고 눈치를 봤는지 모른다.

그럴 때마다 수없이 좋은 문구들을 찾아 읽으며 용기를 불어넣었다.

'누군 태어날 때부터 아나운서니? 나도 할 수 있어. 뭐 해보자!' 이렇게 말이다.

그리고 사람들에게 의도적으로 말하고 다녔다.

난 미래에 아나운서가 될 거라고. 대학 때 무슨 수업 발표든 나를 소개하는 자리에선 꼭 그런 수식어를 붙이곤 했다.

"안녕하세요 미래의 박 앵커입니다."

반응들이 싸늘했다.

"쟤는 뭐니~", "네가 될 것 같니?"

이런 표정들이었다. 시간이 지나고 알았다. 그 표정들은 내가 만들어 놓은 환영이었다는 것을. 그들은 별로 의미 있게 듣지도, 계속 생각하지도 않았을 것이다. 단지 내가 그들을 상당히 의식하고 있었을 뿐이다. 우리는 흔히 사람들이 안 좋게 볼 것이라고 의식하면서부터 세상의 시선을 오해하기 시작한다. 그리고 이내 자기 생각, 꿈을 부끄러워하고 접는다.

부끄러워만 하면 계속 자기 인생을 부끄러워하게 된다. 주변 사람들이 나를 무시하진 않을까? 이상하게 생각하진 않을까? 이상한 눈빛을 보내면 어쩌지?

일어나지도 않은 것에 대한 지레짐작으로 두려움을 느껴 말하려고도, 나서려고도 하지 않는다.

'차라리 가만히 있으면 중간이라도 가지'라는 생각으로 하고 싶은 말이 있어도 자꾸 스스로 차단시킨다. 그 말로 사람들은 위안을 느끼며 두려움에 맞서기보다는 서서히 단절시키는 것에 익숙해진다. 그리고 주변에 어떤 오해와 편견이 생기진 않았는지 사방을 둘러보며 눈치 보기에 급급하다. 그런 생각 속에 자신을 방치하지 않았으면 한다. 의식되는 타인들 시선 때문에 앞으로 펼쳐질 당신의 미래를 포기할 것인가? 이렇게 되는 무한순환 메커니즘이 있다. 부끄러워서 말하지 않게 되면 하지 않아도 된다. 그러면 나중에 해도 되니까 일단 미룬다. 어차피 아무도 모르니까 시간 나면 해야지 하고 또 미룬다. 그러다 시간이 너무 흘러 정말 늦어버리게 된다. 그러면 '할 수 없지 너무 늦었네.' 라고 포기하게 되는 것이다. 익숙한 패턴일 것이다. 시험 전날 수없이 겪어보지 않았던가. 하면 좋은데 귀찮아서 하지 않는 건 나중에 반드시 후회하게 된다. 반면, 해내면 그 뿌듯함은 이루 말할 수 없다. 그날만큼 숙면을 취하는 날이 어디 있던가. 사람은 후회 없을 때 가장 편안해진다.

🖇 꿈을 말해봐

그 당시 난 주변의 시선이 어떻든 나의 꿈이니까 일단 말하고 봤다. 입을 열기 전까진 앞으로 일어날 일들을 의식하는 두려운 공포가 나를 엄습하기도 했다. 그런데 막상 생각을 밖으로 꺼냈을 땐 내가 예측했던 것보단 그리 공포스럽진 않았다. 부끄러움에 대한 생각만 조금 바꿨더니 반대의 효과를 느끼기 시작했다. 내 꿈에 대한 책임감이 생겨난 것이다.

사람이 한번 말하고 나면 말한 게 의식 돼서라도 꿈을 향해 준비하게 된다더니 내가 정말 그러고 있었다.

보고 있는 눈들이 있기에 '내가 보여주고 말겠어'라는 생각들이 슬며시 치고 올라와 점점 커졌다. 말을 하기 시작하니 빈정거리며 반대하는 사람도 있었지만 응원해주는 에너지도 받을 수 있었다.

생각은 미래의 모습을 만들어 냈다. 진짜 하고 싶은 일이니 포기하고 싶지 않았다.

긴 생머리도 마치 앵커처럼 짧게 자르고 학생인데도 늘 정장 차림으로 다녔고, 어색한 메이크업 솜씨지만 이 또한 손을 부지런히 움직여봤다. 직업상 하이힐을 신어야 하는 게 분명했기에 편한 운동화를 벗어 던지고, 삐끄덕 삐끄덕 휘청거리며 힐을 온몸에 적응시키기도 했다.

그랬더니 졸업 즈음에 아는 언니가 고백을 해왔다.

"네가 처음 아나운서 한다고 말할 때 완전 황당했었잖아. 그런데 너를 보면서 그 맘이 점점 미안한 맘으로 바뀌더라. 이제는 제법 아나운서 같아 보여. 너! 왠지 될 것 같아."

이 언니가 그런 맘을 가질 법도 한 게, 사실 대학 때 사진 보면 내가 봐도 '무슨 방송을 할 사람이냐.'라는 생각이 든다.

고등학교까진 그래도 따라다니는 남학생들이 있을 정도의 외모였던 내가 대학 들어가서는 급격히 살이 찌기 시작했다. 지금 돌이켜

보면 꾸밀 줄 모르는 아이가 예뻐져 보겠다고 진하게 화장했는데 그것이 오히려 더 어색하고 촌스러워 보였던 것이다.

그랬던 나였는데 별명도 '박앵커'라 붙이며 생활하다 보니 정말 박앵커가 되어있었다.

문득문득 그때를 떠올리면서 뉴스 데스크에 앉아 내 모습을 보면 정말 '꿈을 말하니깐 되는구나.'를 실감하곤 한다.

지금의 꿈을 소리 내어 말해보자. 처음부터 익숙하진 않을 것이다. 상당히 어색하고 쑥쓰러울 게 분명하다. 예측되는 공포나 두려움 따위는 포맷시켜야 한다.

"그럼, 말만 하면 되는 건가요?" 라고 묻겠지. 꿈을 말하고 그 말에 책임을 지려는 생각이 꿈을 이루게 한다. 꿈을 말하지 않으면 안 해도 되니까 안일해진다. 하지만 꿈을 말하면, 그 말에 책임을 지려는 생각에 그에 관련된 것들에 관심이 깊어지고 조금씩 다가가게 된다. 자신의 꿈을 입 밖으로 꺼낼 정도의 각오가 있다면, 꿈을 향해 분명히 걸어 갈 수 있다는 것을 확신한다. 이루지 못할 꿈은 아예 마음 속에서 시작되지도 않는다.

당신의 꿈은 절대 부끄럽지 않다.

진정한 아름다움으로 렛미인
Let me in

난 자신감을 충족시키는 적당한 성형은 괜찮다는 입장이다. 그런데 요즘은 과해도 너무 과하다. 성형을 예전만큼 어렵게 생각하지 않는다. 내 주변에도 유난히 얼굴이 바뀐 사람들이 많다. 코, 눈을 성형하는 것을 넘어서 이젠 동안을 유지하고 싶은 마음에 주삿바늘을 얼굴에 대기도 한다. 여기에 더 욕심을 부려서 동안이 되기 위한 시술도 서슴지 않는다. 시술 이름도 상품처럼 부위별로 다양하게 지어낸다. 마치 옷을 고르듯 선택할 수 있는 세상이 됐다. '성형 쇼핑시대'가 된 것이다.

얼굴에 바람을 넣은 듯 빵빵하게 만들어서 순간적으로 터질 것처럼 보이는 동안 성형이 요즘 대세다. 얼굴이 울룩불룩한 게 시선을 어디에 둬야 할지 모르게 한다. 간혹 안 하는 게 더 나을 뻔했을 얼굴도 있다. 오히려 매력이 없어지기도 한다. 어려운 수술은 과정만 몇 개월에서 길게는 몇 년을 아파해야 한단다.

✐ 왜 성형수술을 했는데도 만족스럽지 않을까

주변 여인들을 관찰하면서 느낀 건, 오랜 시간 아픔을 견디고 예뻐졌지만, 그 만족감은 오래가지 않더라는 것이다. 큰돈을 투자해 얼굴을 바꿨는데도 그 만족감이 짧다는 것에 아쉬움이 크다. 외형만 바뀌었지 내형을 바꾸지 않아서일지 모른다. 외모에 따라 주변의 상황들이 요술 봉을 두드리면 환경도 '짜잔'하고 바뀔 거라는 착각이 마음 한편에 있지는 않았을까.

크고 럭셔리한 집에 살아도 행복을 느끼지 못하는 사람이 많다. 외관만 멋질 뿐 속마음은 늘 외롭고 허해서 우울증에 시달리기도 한다. 큰 집으로 이사했을 때의 행복감은 잠시고 익숙해지면 내면에 존재하는 괴로움과 슬픔을 감당하지 못한다. 그래서 남부러울 것 없는 지위와 명예, 돈이 있어도 자살을 택하는 이들이 종종 있다. 대기업의 회장이, 유명한 연예인이 그러한 선택을 했을 때는 다들 의아해 한다. 저들이 뭐가 부족해서 그랬겠냐는 말들을 한다.

겉으로 보이는 것도 중요하다. 하지만 일단 병든 마음을 점검하고 치유하는 게 우선이다. 그 마음이 치유되어야 겉으로 보이는 것까지 하나가 되어 아름다워 보인다.

흔히 내면의 아픔은 눈에 보이지 않기 때문에 계속 묻어 둔다. 그렇게 하면 잊힐 거라는 생각도 한다. 지금 나의 생각이 어떻게 비뚤어져 있는지 모른다. 점검하려고도 안 한다. 생각을 고치는 건 어렵다거나, '언제든 맘만 먹으면 하지.' 라는 생각으로 미뤄둔다.

우리는 미루고 미뤄서 밀린 숙제가 많아지면 아주 쉽게 포기하는 습성을 갖고 있다. 내가 힘들어하고 있는 이유가 무엇인지 알면서도 그 원인을 찾아 바꾸려 하지 않는다. 성형에 투자하고, 큰 집을 사서 변화를 꿈꾸지만 정작 알맹이는 바꾸지 않는다. 우리는 눈에 결과가 빨리 보이길 바란다. 그래서 성형에 대한 결정은 쉽게 하는 반면, 내면은 찾으려 해도 잘 드러나지 않으니 고칠 필요성을 못 느끼는 것 같다.

그래서 허무함이 밀려올 땐 또 다른 외모의 변화를 좇는다. 성형은 이런 식으로 늘어난다. 연예인들이 성형한다 하면 그럴 수 있겠구나 했다. 하지만 요즘은 방송하지 않는 일반인들도 여기저기 손을 많이 댄다. 얼굴이 변화된 이후의 삶이 행복해져야 하는데 그렇지 못 한 경우를 많이 봐왔다. 오히려 우울해지면 또 어딘가를 고쳐야겠다는 생각으로 환기하곤 한다.

마음을 고치는 시술인 '생각 성형술'

성형의 아픔을 참는 용기는 있는데 생각을 바꾸는 용기를 내는 건 힘들어한다. 아니 앞서 말한 것처럼 필요성을 못 느끼는 건지 모른다. 얼굴 성형을 위해선 각종 정보를 수집하고 견적도 뽑으러 이 병원 저 병원에 다녀본다. 변한 친구의 얼굴도 세밀히 쳐다본다. 마치 장인의 눈빛으로 예리하게 바라본다.

하지만 내적 변화를 위해선 얼마나 노력을 기울여봤는지도 한번 생각해 봤으면 한다. 자신보다 용기를 냈던 사람을 찾아가 상담해 본 적이 있는지, 이와 관련된 책은 얼마나 읽어 보았는지, 강의를 들어 보았는지, 그래서 최종적으로 마음을 고치는 시술을 감행해봤는지 말이다.

이 시술은 육체적인 고통을 겪지 않아도 되니 '훨씬 잘했다'라는 생각을 갖게 될 것이다. 더구나 부작용 우려를 하지 않아도 된다. 잦은 시술로 안면붕괴현상 같은 참사가 일어나지도 않는다. 오히려 하면 할수록 더 좋아진다. 나의 '마음 밭'을 수정할 수 있는 용기로 지금부터 그에 필요한 장비가 무엇인지 생각해보자. 돈도 거액이 요구되지 않는다. 외모가 예뻐지길 기대하는 만큼 내면도 예뻐질 수 있도록 노력을 기울여 보길 바란다. 아무리 아름다운 외모라 하더라도 계속 보면 질리고 무감각해지기 마련이지만, 아름다운 내면은 계속 보면 볼수록 감동은 더욱 깊어진다.

적당한 성형으로 아름다워졌다면 더 예뻐지기보단 이번에는 마음을 가꾸는 '생각 성형술'에 관심을 돌리고 실천해 나가길 권한다. 훗날 당신은 미모와 심성이 균형있게 조화된 매력을 풍기는 여성이라는 찬사를 듣게 될 것이다.

결혼자금 모으지 말고 능력자금 모아라

여자든 남자든 사회생활을 시작하면 곧바로 적금을 든다. 그 가장 큰 이유는 결혼 자금 마련을 위함이다. 남자는 살 집을, 여자는 그곳에 채워 넣을 혼수를 위한 자금이다.

월급의 대부분을 결혼 전까지 아주 착실히 그 날을 위해 모은다. 먹고 싶은 것, 갖고 싶은 것, 입고 싶은 것 아껴가며 오로지 결혼을 위해 적금을 붓는다. 취업 후에 원치 않는 일을 하고 있어도 쉽게 이직을 결정하지 못한다. 공백 기간에 생겨날 통장 구멍을 메꿀 엄두가 나지 않기 때문이다. 착실히 모아서 적당한 배우자 만나 무난하게 결혼을 성사시켜야 한다는 사명감도 은근히 생긴다. 결혼만 하면 삶의 안정을 찾고 술술 풀릴 것 같은 착각도 하게 된다. 그래서 그 결혼을 잘 치르기 위해서 당연히 모아야 한다고 생각하며 성실하게 실천한다.

이렇게 공들여 모아서 결혼에 성공한 여성들의 이야기를 들어보면 이렇다. 단번에 억울하다고 말한다. 힘들게 모아서 집안을 채우는 데 쓰고 나니 기쁨은 잠시고 허무함이 밀려온다고 말이다. 신혼의 달콤함도 어느새 지나고, 이내 자신이랑 맞지 않는 직장을 또 그대로 기계적으로 다녀야 한다. 혹은 좋은 배우자 만나서 결혼하자마자 바로 직장을 그만두기도 한다. 이 두 경우 모두 인생의 목표 지점이 그저 결혼식 자체였던 것이다. 그래서 일정 시간이 지나고 나면 점점 허무함이 밀려드는 것이다.

젊은 여성들에게 돈을 모으는 이유를 물어보면 대부분이 이렇게 결혼 자금을 위해서라고 말한다. 돈을 모으는 건 좋다. 그런데 나에겐 그 이유가 참으로 씁쓸하게 다가온다.

📎 돈을 버는 이유

내가 아는 한 여성은 예쁘게 치장할 법도 한데 거기에 쓸 돈이 없다고 한다. 대략 그녀의 수입을 계산해 보니 그렇게 힘든 상황도 아닌데 이상하게 돈이 늘 없어서 힘들다고 한다. 운전면허도 돈 들어가니 안 딴단다. 그러니 그녀가 보기에 하루하루 차 가진 동료들이 부러운 거다. 쇼핑할 때도 사고 싶은 것은 제쳐놓고 무조건 저렴한 것을 선택한다. 여럿이 모여서 커피 한잔 하는 여유도 피한다. 커피값

을 아껴야 하니 말이다. 이렇게 아껴서 다 어디에 쓰나 봤더니 뚜벅
뚜벅 걸어서 은행으로 간다. 언제나 직접 은행에 방문해서 적금, 저
축을 하고 있었다. 거기까진 참 좋아 보였다.

"그렇게 모아서 어디에 쓸려구?"

"결혼 할 때 쓰려구요."

"아직 남자 친구도 없잖아?"

"…그래도 불안해요. 이거라도 있어야 결혼을 생각할 것 같아요."

오로지 결혼을 위한 자금이라니. 악착같이 모으는 바람에 그녀에
겐 포기할 게 점점 많아지고 만끽해야 할 최소한의 기쁨도 누리지 못
하고 있었다. 은행 잔고는 쌓이고 있지만, 그녀의 근심과 우울도 함
께 쌓여가고 있었다. 그러니 멋진 배우자도 그녀 곁에 쉽게 나타나지
않았다. 활기를 잃어가면서 열등감을 내비치기도 했다. 일을 충분히
멋지게 해낼 수 있는 능력이 있는데도 시간이 흐를수록 결혼자금이
라는 목표에 자신을 매이게 해버린 느낌이었다. 힘들게 번 돈을 그럭
저럭한 남자에게 쓰기 싫어서 선뜻 애인도 만들지도 못하는 딜레마
에 빠지고 있었다. 일에 거는 기대감은 사라지는 데 비해 결혼자금에
거는 기대감은 날로 커졌다.

옆에서 아무리 능력자금을 모으라고 조언을 해도 이미 그녀는 투
자한 그 시간이 아까워서도 용기를 내지 못했다.

비슷한 경우를 또 가까이에서 봤다. 어렵게 모은 돈을 결혼에 몽땅

투자하고 일까지 그만둔 상태의 그녀는 어느 날 남편이 사기꾼이라
는 사실에 기겁하고 말았다. 모든 걸 잃고 새로 시작해야 할 시점이
었다. 그때 나를 붙잡고 눈물을 보였다.

"이 나이에 이제 뭘 하지. 모아 놓은 것도 결혼으로 다 써버리고.
특별한 능력도 없어서 받아 주는 곳도 없을 텐데."

뭐라고 위로를 해야 할지 몰랐다.

"지금이라도 늦지 않았으니 이젠 능력을 쌓는데 투자를 해봐."

🖋 돈은 쓰게 마련이다

결혼자금에 몰두해서 능력을 쌓는데 소홀한 사람들은 허무함이 밀
려올 법도 하다. 돈이 돈을 만들기도 한다지만 이 경우는 조금 다르
다. 오로지 결혼을 위해 힘들게 모았다면 그 하루하루가 얼마나 고단
했을까 싶다. 그리고 그 돈은 쓰고 나면 단번에 사라진다. 그래서 뒤
늦게 뭐라도 하고 싶어서 일을 찾아 나서면 갖춘 능력이 얼마 안 되
니 또다시 힘들게 시작해야 한다. 능력을 키워 놓지 않은 사람들이
쉽게 접근할 수 있는 일들은 그만큼 가치도 적게 책정해 줄 뿐만 아
니라 자신의 능력과 엇비슷한 사람들이 많다. 어느 누가 그 일을 대
신해도 쉽게 하는 일이기에 해고도 쉽게 당할 수 있다.

하지만 능력에 투자한 이들은 시간이 흐른 뒤에 그 가치는 더 높아
져 있다. 젊은 날 자신의 능력에 투자한 이들은 돈에 얽매이지 않는

다. 능력자금이 쌓이는 희열을 알기 때문이다.

그리고 점점 자신감도 함께 차곡차곡 쌓여간다.

당장 돈이 없어도 자신이 투자한 능력으로 어디든 나서서 돈은 벌 수 있기 때문이다. 어느 시점에 시련이 와도 금세 재기할 수 있는 능력자금이 있는 것이다.

바로 이렇게 능력자금을 모은 여인들도 주변에 몇 있다. 그녀들은 아낌없이 자신이 하고자 하는 것에 투자했다. 배우고 싶은 게 있으면 월급을 다 털어서라도 투자했다. 외모를 가꿔야 한다면 그 또한 아낌없이 투자하고 후회하지 않았다. 능력에 자금을 쓰다 보니 통장 잔고는 쌓일 일이 없었다. 하지만 이들이 일에 대한 자신감은 날로 쌓여만 갔다. 어딜 가도 당당했고, 애인을 만날 때도 결혼 자금에 위축들지 않았다. 왜냐하면, 능력이 있기에 언제든 스스로 먹고 살 수 있다고 생각하기 때문이다. 주변에서도 관심과 인정해 주는 눈빛을 보내 주니 외로울 틈도 줄어든다.

돈은 쓰면 쓸수록 사라져서 불안하지만, 능력은 쓰면 쓸수록 배가 되고 덩달아 돈도 들어온다. 나이가 들어서도 자신감을 갖고 당당하게 세상 속에 자리하기 위해선 지금 나의 능력자금에 투자해야 한다. 결혼만 생각하며 모을 것이 아니라, 이 순간에도 내 능력을 키울 수

있는 무언가가 필요하다면 아낌없이 투자하고 그것을 위해 모아야
한다.

능력이 쌓이면 자신감이라는 이자가 눈덩이처럼 불어날 것이다.

*

자신의 목소리를 녹음해서
들어 본 적 있습니까?

피하지 말고
나의 목소리를 들어

배우 박신양이 모 프로그램에서 이런 말을 했다.

"대학 때 목소리가 굉장히 안 좋았다." 주변 반응은 믿기지 않는다는 표정이었다. 박신양을 돋보이게 하는 것 중 하나가 바로 목소린데 무슨 소리인가 싶었다.

"실은 대학 때까지 그 사실을 몰랐다. 목소리를 녹음해서 듣게 됐는데 무척 놀랐다. 얇은 목소리였던 거다. 그래서 그 이후부터 훈련을 통해 지금의 박신양이 된 것이다."

20여 년이 넘게 쓰던 목소리를 하루아침에 바꾼다는 것은 여간 힘든 일이 아니다.

아마 박신양처럼 자신의 목소리를 녹음된 소리로 듣게 된 경험이 있을 것이다.

매일 말은 하고 산다. 그런데 정작 나의 소리를 내 귀로 듣게 되면 얼마나 어색한지 모른다.

"이게 내 목소리 맞아? 아흐, 이상해, 이상해."

"네 목소리 맞아."

내 상태가 어떤지 잘 인지하지 못한다. 다른 사람의 목소리는 인지한다.

그래서 누구의 목소리는 소프라노 톤이다. 누구는 바리톤이다. 혹은 모기만한 소리라서 잘 안 들린다. 이런 식으로 평가한다.

하지만 자신의 목소리 상태는 한 번 더 걸러서 듣는다. 자신이 생각하고픈 대로 미화해서 받아들이고 있는지도 모른다.

🖉 목소리 나쁜 아나운서

나도 어릴 적 내 목소리에 자신이 없었다. 그건 주변 사람들의 영향이 컸다.

굵직한 목소리라고들 했다. 난 잘 모르겠는데 그렇게 들린단다. 외모는 지극히 여자인데 목소리만 들었을 땐 남성스럽다고들 했다. 지금 이 말을 하면 믿는 사람들이 별로 없다. 그래서 사실은 아나운서의 길은 아주 어릴 적엔 꿈도 못 꿨다. 친구들이 평가해주는 내 목소리에 어느 순간 주눅이 들어 있었나 보다. 일어나서 책 읽는 순간도 피하고 싶을 정도였다.

그런데 언제까지 피해 다닐 순 없었다. 주변의 평이 어찌하든 아나운서를 하기로 마음먹는 순간부터 목소리를 변화시켜야 했다. 전화음에서 간혹 되돌아오는 내 목소리에 놀라곤 했던 나였다.

그 이후 진지하게 목소리를 들어보기로 결심했다. 녹음했다. 녹음해서 처음 들었을 땐 더없이 닭살이었다. 이 순간 또 한 번 피하고 싶어진다. '그래! 난 타고난 목소리가 아니라 어려울 거야.' 이런 생각으로 가득 차기도 했다. 그러나 약해지고 싶지 않았다. 끊임없이 녹음을 반복했다. 점점 달라지는 것을 느끼면서 자신감을 갖기 시작했다. 내 목소리에 익숙해지는 법을 알게 됐고 뭐가 이상한지 스스로 체감했다. 그리고 노력하면 내 안에 숨겨진 좋은 목소리를 찾을 수 있다는 것을 알았다. 지금은 "어머 어쩜! 목소리가 좋으세요~~"라는 말을 종종 듣는다. 난 아직도 그런 말을 들으면 실감이 나지 않는다. '정말일까?' 마이크 목소리, 방송용 목소리는 가끔 내가 들어도 괜찮다 싶을 때도 있다. 하지만 아직도 숙제다. 더 멋진 음색이 숨겨져 있진 않을까 하고.

아마 박신양이라는 배우도 나와 같은 심정으로 녹음을 반복하지 않았겠냐는 생각을 해본다.

누군가는 그냥 이상하기에 더는 자신의 목소리를 듣고 싶어 하지 않는다. 반면 이상하기에 그 목소리와 정면 승부하는 이들도 있다.

이상하다면 바꿔볼까 하는 사람들은 대단한 용기다.

📎 나를 점검해 보는 시간

자기 일과 관련 없는데도 당당히 목소리를 녹음해서 듣는다는 것
은 쉽지 않다.

보통은 "그냥 이대로 살아야지" 한다. 들어서 심란해지기 싫은 거다.

자신의 귀에 들리는 목소리대로 살아와도 그간 아무 문제 없었기
때문이다.

그런데 이 목소리를 녹음해서 듣는 과정이 꼭 자신의 지금 마음상
태와도 엇비슷해 보인다.

남의 잘못은 목소리를 듣듯이 너무도 잘 보이고 들린다.

하지만 나의 잘못이나 목소리는 안 보일 때가 많다.

친구, 애인, 자식, 부모의 허물들은 잘도 보인다.

그런데 정작 자신의 허물은 안 보일 때가 많다.

그래서 늘 싸움이라는 것은 나는 잘못이 없는데 상대방이 이상해
서 일어나는 경우가 많다.

"난 잘하고 있는데 네가 이상해" 라고 생각하는 순간부터 싸움이

시작된다.

난 뭘 잘못했는지 모르기 때문에 상대방이 밉다.

라디오에서 흘러나온 사연을 듣고 있었다. 한 남자가 "대체 와이프
는 왜 내게 자꾸 뭐라고 하는지 모르겠다. 그래서 자신도 화를 냈다.
난 뭘 잘못한 줄 모르겠다."

진행자가 그런다. "한쪽이 잘못한 게 없다고 하니까 싸움이 나는
겁니다. 폭폭한 거죠."

이런 순간들이 학교에서 친구와, 직장에서 상사와, 가정에서 부모
와 곧잘 일어나는 일들이다.

자신의 잘못을 직접 들여다보기가 두려워서 일어난 일들인지도 모
른다.

내 목소리가 이상한지 녹음해서 들어봐야 아는데 그 과정이 너무
두려운 것처럼 말이다.

가끔 나도 신랑과 싸우면서 이 남자가 왜 이렇게 밉상으로 말하는
지 녹음해서 들려주고 싶은 심정이다. 그래서 "녹음 좀 해볼까?"라
고 하면 "당신도 그러거든." 한다.

그렇다. 분명 내게도 화가 났을 때 상대를 긁어 놓는 표현들을 했
기에 싸우고 있었을 것이다.

그런데 인정하고 싶지 않은 것이다.

그저 피하고 싶은 것이다. 상대방의 목소리만 들리지 내 목소리는 들리지 않는 것이다.

자신의 목소리를 녹음해서 듣는 것처럼, 지금의 내 상태를 점검해 보는 과정들이 있어야만 주변이 달라질 수 있다. 내가 뭘 잘못한 줄도 모르고 늘 남만 탓하며 살고 있진 않은지. 한 발짝 물러서서 나를 점검해 보는 시간이 필요하다.

✎ 변화하려면 피하지 말고 문제를 직시하자

상대방 평가는 정말 쉽다. 목소리를 그냥 듣고 있는 것처럼 쉽다. 하지만 내 목소리를 내 귀에 들려주는 순간이 이상하고 어려운 것처럼 나를 돌아보고 점검하는 것도 힘들다.

그런데 내 목소리를 듣지 않으면 평생 내가 어떤 상태의 목소린지 모른다.

상대방에게 어떻게 말하고 있는지 모른다.

상대방에게 어떤 잘못을 하고 있는지 모른다.

정말 주변을 바꾸고 싶다면 나를 진지하게 점검해 보는 게 우선이다.

한번 듣고 이상하다고 피하는 것이 아닌, 반복해서 꾸준히 체크해야만 바뀔 수 있다.

단번에 자기 목소리를 듣고 바꿨다고 말하는 성우는 없을 것이다. 수없이 반복해서 듣고 이상한 부분을 체크한다. 아나운싱 할 때도 끊임없이 녹음하고 듣는 과정을 반복한다.

신입 때 방송하면서는 잘 모르는데, 녹화된 것을 보고 있자면 얼마나 창피한지 모른다.

다시 보고 싶지 않을 때도 잦았다. 하지만 그런 내 모습을 많은 사람들이 봤다는 것이 더 창피했다. 그래서 그 반성하는 시간조차 피하고 싶어진다.

그런데 그 과정이 없었다면 항상 신입 아나운서처럼 방송하고 있었을 것이다.

실력이 늘지 않는 그런 아나운서 말이다.

"저 사람은 볼 때마다 신입처럼 어색해."

세월이 흘렀는데도 그런 말을 듣는다면 얼마나 서글픈 일인가.

자신의 목소리를 녹음해서 듣는 순간은 분명 어색하고 이상하다.

자신의 마음 상태를 제3자가 돼서 들여다보는 순간도 힘들다.

지금 이대로 살 거라면 듣지 않을 것이다. 하지만 변화하고 싶다면 녹음을 수없이 해서 내 귀에 들려주는 것처럼 내 모습을 수없이 돌아

보고 점검해야 한다.

그렇다면 배우 박신양이 갈고 닦아서 지금 그만의 매력 있는 목소리를 만들었듯이 분명 당신도 매력 있는 자신을 볼 수 있을 것이다.

알고 보니 다 내성적이야

나도 내성적이다. 이런 말을 하면 사람들은 "정말요?" 하며 깜짝 놀란다.

앞에서 이미 밝혔듯이 사실이다. 이천 명, 삼천 명 앞에서 말을 하는 직업임에도 난 내가 내성적임을 잘 안다.

친한 사람도 극히 소수다. 만나는 사람만 만나는 편이다. 일이 아닌 이상 소수 인원이 모여 있을 때에는 표현하진 못하지만 너무 쑥스럽다. 그래서 그런 자리가 불편해서 종종 피하곤 했다.

📎 부끄러움 많이 타던 아이

어릴 적 시골에선 친척 집 제사가 있으면 그 다음 날 아침은 그 집에 가서 먹어야만 했다. 그런데 난 그 순간이 너무 부끄러워 밥을 먹지 못 했다. 그 이후로 아무리 날 끌고 가려 해도 가지 않았다. 아예 밥을 굶고 말았다.

이랬던 내가 어찌 방송 카메라 앞에서 웃으며 말을 하는지 식구들은 천지개벽할 일이라며 놀라워한다.

학창시절 국어 시간에 선생님들은 이름을 불러서 책을 읽혔다.

나만 걸리지 말길 간절히 바라고 있을 때 꼭 나를 호명한다.

일어나서 책을 읽는 게 왜 이렇게 힘든지. 다들 앉아 있는데 나만 혼자 서서 읽고 있다는 두려움, 내가 읽고 있는 것을 감시하고 있을 것만 같은 두려움이 몰려와서 내용에 집중하지 못하고 덜덜 떨었다. 그 떨린 목소리가 다른 친구들이 눈치챌까 싶어서 불안해하니 더 떨렸다.

더구나 목소리도 여성스럽지 않고 굵은 남성적인 목소리에 가까워서 남학생들은 더 이상한 눈빛으로 바라보곤 했다. 그래서 아나운서는 나와 거리가 멀다고 생각했다.

내성적인 성격에 타고난 저음의 보이스라, 누가 봐도 방송과는 맞지 않다고 생각했을 것 같다. 하물며 우리 가족들마저 내가 이 직업을 택할 것이라고는 그 누구도 짐작조차 못했다.

오히려 왜 그걸 하려 하냐며 말렸다.

그런데 학생들을 가르치며 깨달았다.

대부분 사람들이 자신은 내성적이라고 생각한다는 것을 말이다.

학생들에게 '나를 말하다'라는 내용으로 첫 레포트를 내준다. 그 내용들을 읽고 있으면 〈스피치와 프레젠테이션〉 수업을 통해서 성격을 변화시키고 싶다는 학생들이 참으로 많다. 자신을 돌이켜 봤을 때 남들 앞에서 떨고 긴장하는 모습이 심해서 정작 하고 싶은 말을 못 한다고 한다. 어떤 학생은 겉은 활달해 보이지만 실제 내면은 굉장히 소심하고 내성적이라고 고백한다. 다른 학생은 첫인상으로 보이는 것처럼 굉장히 겁이 많고 내성적이라고 말한다.

도통 외향적이라고 밝히는 사람이 없다. 그래서 내 통계로 보면 대한민국 대부분의 사람들은 내성적이라는 결론이 도출된다. 아마도 한때 내성적인 성격에 관련된 책들이 많이 나왔던 이유는 그만큼 내성적인 사람이 많다는 방증일지도 모른다.

나도 겉은 활달해 보이지만 실제 보면 내성적인 쪽에 속한다.

왠지 누군가 내게 질책해도 대범할 것 같고 웃어넘길 것 같은 그런 성격으로 비치는 것 같다. 그런데 실은 그렇지 않다. 행여 회사에서도 누군가 나의 인사를 평소와 다르게 받아주면 '저 사람이 왜 그럴까. 내가 뭘 잘 못 했나?'를 고민한다. 수업할 때도 학생 한 명의 눈빛이 이상하다 싶으면 '내 수업이 재미없나. 아니면 말을 잘 못한 게 있나.'를 떠올리며 집까지 그 생각을 싸들고 간다.

방송국 복도를 지나가다 어제 방송 모니터해준다며 던진 말 한마디에 난 전전긍긍한다. 단지 내색을 안 할 뿐이다.

여전히 내성적인 건 어쩔 수 없지만, 그 성격으로 인하여 내 꿈을, 혹은 하고 싶은 말을 포기하며 살진 않았다. 어떻게 하면 극복해 낼 수 있을지를 늘 고민하며 피하기보단 부딪혔다.

이런 내성적인 성격 때문에 포기하는 게 많아지는 사람들도 봤다. 내성적이라는 것은 결국 주변을 많이 의식해서 나오는 성격이다. 그 두려움이 점점 커져서 내 의견을 말하는 것도 하고 싶은 일도 포기하는 경우가 많아진다.

📎 조금의 차이만 있을 뿐이다

학생들의 레포트로 자기 성격 때문에 고민하는 것을 보고 재밌는 답을 얻었다. 나와 똑같은 고민을 하는구나. **결국, 표현을 안 하고 감추고 있어서 모를 뿐이지 알고 보면 다 내성적이라는 것.** 그래서 학생들에게 이렇게 말해준다. "모두 내성적이니깐 아주 평등한 거다. 그래서 더 부딪혀 볼 만하다. 이미 변하고 싶다 말하며 내 수업을 들은 너희는 용기 있는 자들이다. 성격 탓하며 이런 수업 피해 다닐 수도 있는데."

내가 내성적이라고 생각해서 두려워하고 있으면 상대방도 마찬가지다.

어차피 평등한 거라면 이 상황을 피하지 말고 즐겨 보자로 바꿔 생각해보는 거다.

내성적인 성격 탓에 하고 싶은 말도 못 하고, 직업 선택도 포기해버린다.

그 후 주위를 둘러보니 정말이지 내성적인 사람들이 꽤 많았다.

어떤 선배는 정말 활달하고 하고 싶은 말도 거침없이 하기에 물었다.
"선배님은 하고 싶은 말 다 하고 사니깐 고민이 없겠어요. 그리고 정말 남들 전혀 의식하지 않게 보여요."
"내가? 야. 네가 몰라서 하는 말이다. 내가 겉보기와 달라. 얼마나 내성적인지. 나도 엄청 신경 써."
그랬다. 외향적일 것만 같은 선배도 본인이 내성적이라고 생각하고 있었다.

우리 시어머니는 키도 크고 목소리도 커서 여장부 같다는 말을 많이 듣는다. 그런 어머님과 이런저런 이야기를 나누던 중,
"나를 남자처럼 보는 사람들이 많은데. 아야, 내가 실은 상당히 내성적이다."
"네? 어머님이요? 그렇게 안 보이세요."

"가끔 공중 화장실 앞에 사람들 많이 모여 있으면 나오질 못해. 그래서 한번은 한 시간을 화장실에서 못 나온 적도 있었다."

"아니~~ 왜요?"

"사람들이 나만 볼 것 같아서 엄청 부끄러워, 심장이 쿵쾅거려서."

정말이지 우리 어머님 외모나 평소 말투 봐서는 절대 그렇게 보이질 않는다.

말로 다 표현하진 못하지만 누구에게나 숨겨둔 내향성이 있을 것이다. 단지 정도의 차만 있을 뿐이다.

이런 성격을 극복해가며 사는 사람들을 봤더니. 가장 근본적인 건 극복하려 했던 용기, 의지가 있었다.

많은 고민 끝에 내 수업을 신청했다가 들었던 학생이 있는가 하면 극복하기 힘들어서 결국 취소하는 학생도 있다. 그렇게 포기하는 학생의 말을 들어보면 "다른 학생들 앞에서 말하는 게 너무 두렵고 준비가 안돼서 취소해요."라고 한다.

반면에 끝까지 수업을 열심히 들은 학생은 "처음엔 듣기가 두려워 포기할까 생각했는데 지금 포기하면 다른 것도 포기하며 살 것 같았어요. 이 수업을 들어서 참 잘했다고 생각해요. 이젠 다른 곳에서도 용기 낼 수 있을 것 같아요. 고맙습니다."라고 말한다.

특히, 혼자 수업을 수강한 학생들의 효과가 더 크다. 누군가의 의지를 빌린 것이 아니라 오롯이 혼자 이겨냈기 때문이다.

청중들 앞에서 말하는 수업 하나로 난 다른 것을 할 수 있는 용기
까지 끌어내고 싶었다.

그게 통했는지 점점 변하는 학생들을 눈으로 확인할 수 있었다.
이 책을 보는 독자도 어쩌면 뭔가 변하고 싶어 이 책을 읽고 있을
것이다.
그 자체만으로도 가능성 있다. 내성적이라도 뭔가 하고자 하는 게
있다면 해볼 만하다.

✏ 성격도 관리를

남을 의식해서 할 수 없었던 무언가를, 그게 행동이든 말하기든,
모두가 똑같이 내성적이란 것을 알았다면 자신의 성격을 가꾸는 것
도 가능할 것이다.

그런 면에서 여자들의 피부 관리와 비슷한 게 많다.
타고난 피부를 보면 부러워한다. 하지만 관리 잘 받아서 빛이 나
는 피부에 더 관심을 둔다. 타고난 좋은 피부는 어떻게 따라 할 방법
이 없다. 하지만 관리 받은 사람의 피부는 어떤 제품을 쓰고 어떤 식

으로 하는지를 배우면 자신도 그렇게 될 것 같아서 자세히 물어본다. 어떻게 하면 피부가 그렇게 빛이 날 수 있느냐고. 어떤 화장품을 쓰면 되는지, 어떤 샵을 다니는지도, 아주 관심 있게 묻고 따라 하고 싶어진다.

내 시누이는 타고난 피부 미인이다.

"언니 어쩜 피부가 그리 좋아요?"

"나? 아무것도 안 하는데 그냥 타고난 거지."

"아……."

"우리 신랑이 처음에 내 피부 보고 따라다녔잖아."

시누이는 밑으로 다섯 살 연하남이랑 결혼했다. 남들이 부러워하는 연하남의 마음을 타고난 피부로 사로잡았다.

처음엔 '무슨 좋은 거라도 쓰고 있을지 몰라' 하는 의심을 품고 지켜봤다.

그런데 웬걸, 정말 화장하는 법도 뭐가 피부에 좋은 줄도 모르는 아주 털털한 성격이었다.

난 유독 피부 좋아지는 것에 귀를 쫑긋 세운다.

왜냐하면, 고등학교 때부터 생긴 여드름이 20대 내내 나를 괴롭혔기 때문이다. 그땐 피부만 좋아지면 소원이 없겠다 할 정도였다.

그런데 지금은 "피부 정말 좋아 보여요. 어떻게 관리하세요?" 라는 질문을 자주 받는다.

그런 말을 들을 때마다 믿기지가 않는다. '아니 내 피부가 이런 찬

사를 받다니.'

이런 말을 들으면 그간 내가 관리해왔던 정보를 속사포로 전해준다. 말해준 후 아주 뿌듯한 맘으로 뒤돌아선다.

지금도 행여 20대 트러블 많던 때로 돌아갈까 봐 꾸준히 관리해준다.

사람들은 성격도 관리하면 변할 수 있다는 것을 보여 준 사람에게 더 귀를 기울이고 관심을 둔다. 그 과정을 극복한 사람은 해 줄 말들이 더 많아진다. 자신의 극복기를 전해주면서 오히려 상대방에게 기분 좋은 용기를 얻어 자꾸 세상으로 나가고 싶어질 것이다.

감추고 있어서
모를뿐이지
알고보면 다
내성적이다

*

'눈치'는 확신이 없기 때문에 보게 된다

'너 눈치 없다'와 '너 센스 없다' 가 엇비슷하게 쓰인다. 센스는 있어야 한다. 하지만 눈치는 없어도 된다.

눈치만 보다 정작 자신을 드러내지도 못하고 세월만 보내는 이들이 뜻밖에 많다. 가족 눈치, 친구 눈치, 회사 눈치 등등이 모두 거기에 속한다. 눈치 심하게 살피는 사람은 연애도 당당하게 못 한다. 여자 친구 말 한마디에 전전긍긍하며 '왜 저 말을 했을까' 끊임없이 생각한다.

그래서 용기 있는 자신의 모습을 보여주지 못하고 차이게 된다. 여자들은 돈 없고, 얼굴 조금 못 생겨도 용기 있는 남자에겐 끌린다. 그 용기 있는 모습은 대범하게 16대 1로 싸우는 모습에서 보이는 것이 아니다. 외모는 잘 생겼는데 눈치를 살핀다고 생각해보자. 얼마나 매력 없게 느껴지겠는가. 주변 눈치 보느라 정신없어하는 모습에 여자들은 이내 지치고 지루해져 버린다. 눈치 보지 말고 앞에 있는 자신에게 집중해 주길 바라는 게 여자 마음이다. 그런데 남자들은 자신의 가족 눈치도 보고, 친구들 만나면 그쪽 눈치 보느라 자기 여자 놓치고 만다. 그런 상황이 와도 자신이 뭘 잘 못 했는지 인지조차 못 한다는 게 더 답답하다.

드라마 상에서 여자들이 나쁜 남자에게 끌리게 되는 것도 이런 이유일 것이다. 진짜 나쁘다기보다 여기서의 나쁜 남자는 자신의 의견을 거침없이 말하는 이들이 대부분이다. 거침없이 말할 수 있다는 것은 확고한 자기 생각이 있을 때 가능하다.

확신에 찬 눈빛과 말투는 그 사람을 빛나게 만든다

눈치를 살피는 사람에게서는 이런 빛을 느끼기 힘들다. 눈치를 살피게 되는 것은 말하고자 하는 것이 옳은지 아닌지를 판단하지 못해서 포기하는 경우가 많다.

조직에서도 회의든, 회식이든 이런 분위기를 느낄 때가 참 많다. 하고 싶은 말이 있어도 '이 말을 하면 분명 분위기를 깨진 않을까? 옆 동료가 아첨한다고 생각하면 어쩌지. 선배가 있는데 이런 말을 내가 해도 되는 걸까?' 등등이 엄습해오면서 결국은 조용히 앉아 있다 일어난다. 자신보다 용기 있는 사람들의 말에 맞장구만 치다가 끝난다. 더 눈치 보는 이들은 맞장구마저도 못 친다. 행여 반대한 이들이 보고 뒷말 할까 싶어서 말이다.

이런 상황은 누구나 한 번씩 경험해 봤을 것이다.

그런데 눈치 보는 것이 만성이 되면 문제다. 만성이 됐다면 성장이 더디거나 아예 멈춰버리기도 한다. 주변 상황에 맞게 센스 있는 말과 행동을 한다면 그야말로 멋진 사람이다. 이런 멋진 사람이 많으면 조직은 분명 성장한다. 하지만 눈치 없다는 소리 들을까 봐 입을 꽉 다물고 있는 사람들이 많을수록 조직은 땅으로 꺼져가는 분위기가 형성될 게 분명하다.

✎ 확고한 목표는 돌파력이 있다

목표가 확고한 영화 속 주인공들이 빛이 나는 이유도 마찬가지다. 러닝타임 동안 확실한 목표를 향해 움직이게 만들어진 주인공은 우리의 눈을, 마음을 사로잡는다. 그 목표를 향한 집념은 우리 주변에서 보는 이들과는 조금 차별화해서 보여준다. 저마다 마음속엔 있지만 실천하지 못하는 것을 다른 사람, 상황을 고려하지 않고 저돌적으로 밀어붙인다. 그래서 결과물을 얻어낸다. 보는 이들은 통쾌함을 느낀다. 어쩌면 자신이 못 하는 것에 대리 만족하는 건지 모른다. 확고한 목표를 향해 움직이는 주인공은 빛이 날 수밖에 없다.

간혹 영화 속 주인공처럼 빛이 나는 주변 사람들이 있다. 그들은 회의든, 회식이든 자기 생각을 올바르게 표현할 수 있는 이들이 대부분이다. 의견이 받아들이기 힘든 상황인지 알고 있음에도 포기하지 않는 집념을 보여준다. 그건 자신의 생각에 확신이 있기 때문에 가능한 일일 것이다.

흔히 영어 발음 앞에서 자신감이 없어서 외면해 버리는 이들이 있다. 아는 동생이 어느 날 솔직한 심정을 토로하던 중 자신에게도 그런 면이 있다고 한다. 알고 있는 발음인데 행여 틀릴까 싶어서 아예 무심한 척한다고 한다. 그러다 다른 사람이 그 발음을 하면 속으로 '아! 내가 알고 있었던 게 맞는구나, 말해볼 걸.' 하며 뒤늦게 후회한다고 한다. 틀려도 좋으니 한 번쯤 말해 봐도 좋으련만 우리는 살면서 자기 생각에 확신이 없어서 이렇듯 영어 발음처럼 놓치는 경우들이 상당히 많다.

행여 말하면 자신의 지적 수준이 들통 날까 봐 잔뜩 움츠려 있는 것 같다.

✎ 잘하고 싶다면 확고한 마음부터

스피치 수업 때 소수 인원을 제외한 대부분의 학생 반응도 처음엔 마찬가지다. 먼저 나서서 참여하지 않으려고 한다. 함께 손 붙잡고 온 친구, 전혀 모르는 수강생, 앞에 있는 교수 눈치 보느라 강단 앞에 나온다거나 질문하는 것을 두려워한다. 그래서 적극적으로 참여하고 자기 생각을 표현하는 학생은 일순간 영웅처럼 보인다고 말한다. 자신이 못 하고 어려워하는 일을 앞장서서 해내는 이들이 대단해 보이는 것이다.

눈치보다 손해 보는 게 훨씬 많은데도, 우리는 살면서 눈치 보는 게 차라리 잃는 게 없다고 착각한다. 크게 벗어나지 않는 선에서 그대로 유지하며 살고 싶은 마음이 더 우선하는 것 같다. 물론 유지한다는 것도 쉬운 일은 아니다. 하지만 일단 정해진 목표가 있다면 눈치를 살펴선 얻어지는 것은 아무것도 없다.

스피치를 잘하고 싶어 들어 왔는데 눈치 살피다 참여도 해 보지 않으면 수강하러 올 때 그 수준과 별반 다를 게 없다. 잘 하고 싶다면 그것을 얻기 위한 확고한 마음부터 새겨야 한다. 그런 후엔 눈치를 살필 새도 없이 적극적으로 참여하고 있는 자신의 모습을 발견하게 된다. 이렇게 변화하는 학생들을 수없이 많이 봐왔다. 그들에게 처음 당부했던 것이 바로 눈치 보지 말라는 것이었다.

당신이 지금 생각하고 있는 것이 확고하다고 느낀다면 눈치 보지 말고 즉시 행동에 옮기길 바란다.

확고한 뭔가를
가진 사람은
주인공처럼
빛이난다

교수님의 수업은 무엇보다 사람 냄새가 연신 느껴져 포근하고 좋아요.

-김은*

평소에 자신감 없던 저를 조금씩 조금씩 변화시켜 주셔서 감사합니다. 다른 교수님과는 다른 열정과 힘을 가지신 것 같아 매 수업마다 배우고, 자신감을 얻어갑니다. 교수님께서 가르쳐주신 것을 바탕으로 사회에 큰 역할을 할 수 있는 사람이 되도록 노력하겠습니다.

-강*재

'아나운서 닮았다!' 교수님과 첫 만남 시간에 가진 첫인상이었어요. 스피치를 체계적으로 공부해 보고 싶은 마음에 수강신청을 했습니다. 현역으로 JTV아나운서 활동을 하시는 교수님이 계실 줄은 상상도 못했구요. 지적이시면서 반전 있는 교수님 모습에 놀랐고

전북대에서 인기 있는 수업이라는 걸 뒤늦게 알았답니다.

'1분 스피치'를 앞두고 1주일간 어떤 주제로 말해야 할지 고민이 있었어요. 내 얘기가 과연 청중에게 공감이 될 수 있을지.

1분이라는 짧은 시간에 메시지를 담으려다보니 가장 많은 관심을 기울인 시간들이었던 것 같습니다. 결과적으로, 시간을 의식해서인지 짧은 느낌이 들어 전달하고픈 바를 전달하지 못한 것 같아 아쉬웠지만! 이 경험도 배우는 과정이라 생각합니다. 매 시간 울림을 주셔서 감사합니다!

-김*형

사실은 처음 수업 들어오기 전에 스피치에 대한 두려움이 있어서 걱정을 많이 했었어요. 그런데 막상 교수님께 배워보고 나니깐 스피치에 대한 자신감도 생겨서 너무 좋아요~!

-송하*

자의로 신청한 수업은 아니었지만 책을 펴고 외우는 수업보다 많은 것을 얻어가는 것 같아요. 수업마다 해주셨던 말씀 덕분에 인생에 대해 느낀 것도 많고 용기도 얻었습니다. 감사해요.

-별이 올림

제 안에 있는 것들을 꺼내서 표현하게 해주셔서 감사해요.

-제자 미순 올림

항상 앞에만 나가면 덜덜 떠는 4조의 김*경입니다^^
스피치 수업을 통해서 많은 걸 배울 수 있어서 너무 좋았어요!!

오늘 다른 수업시간에 앞에 나가서 PT를 했는데 교수님 덕분에 떨지 않고 잘 마무리 할 수 있었습니다!! 정말 감사드려요.

-신방과 김*경

매 수업시간마다 재미있고 감동있는 에피소드도 많이 들려주시고 조언도 해주시는 교수님 덕분에 수업시간마다 무슨 이야기를 하실지 기대가 되요. 요즘 여러 가지 일들과 주위사정 때문에 자신감도 떨어지고 항상 걱정으로 지내왔었는데 교수님의 당당한 모습과 꿈을 향한 욕심과 끈기에 많은 점을 배우며 다시 제 자신을 되돌아봅니다. 아직도 앞에 서면 목소리도 떨리고 어색하지만 이 수업을 들으며 다짐했던 목표처럼 학기말쯤에는 노력해서 변화된 모습 보여드리겠습니다.

-민숙 올림

우연히 스피치에 관심이 있어 이 수업을 듣게 되었는데 이렇게 좋은 교수님과 좋은 학생들과 만나게 되고 재미있게 수업을 들을 수 있어 너무 행복하고 저의 탁월한 선택에 만족합니다. 제가 광고인에서 쇼호스트로 꿈을 바꾼 지 얼마 되지 않았을 때 내가 꿈을 바꾼 것이 잘 된 일인지, 내가 잘 할 수 있을지 고민하고 있을 때 교수님을 만나 많은 용기를 얻고 자신감이 생겼습니다. 지금은 아직 많이 부족하고 노력을 많이 해야겠지만 '나는 할 수 있다!'라는 주문을 외우면서 즐겁게 하나하나 쇼호스트에 대해 배워나가고 있습니다.

교수님이 제가 듣는 수업에서의 교수님이셔서 정말 감사합니다!! 제가 3년 동안 많은 수업을 들어보았지만 교수님 수업이 제일 얻은 것도 많고 (인간관계, 용기, 교수님 등) 매일 기대되고 기다려지는 수업이고 앞으로도 그럴 것 같습니다!! 교수님 조금 쑥스럽지만, 사랑합니다. 그리고 교수님 은혜에 감사합니다.

─귀엽고 상큼한 수민이 올림

4학년이 되어서 아무거나 듣고 안 좋으면 드랍해야지 하고 무심코 클릭했던 순간이 엄청난 나비효과를 불러들인 것 같아요. 첫 수업부터 마지막 수업을 남겨둔 이 시간까지 배움만 가득 듣고 해드린 것이 없어서 죄송스런 맘까지 들 정도에요^^

교수님의 지인 분들은 거의, 아니 모두다 교수님을 '열정'이라고 표현하는 것을 보고 깜짝 놀랐어요. 바로 이 열정이 교수님까지 올 수 있었다라고 해주시더군요. 꿈을 이루고서도 학생들 한 사람 한 사람에게 열정 다해 가르쳐 주시는 모습이 감동 그 자체입니다!

교수님께서 가르쳐주신 것을 100% 다 받아들이지 못했지만 이 수업 전의 나와 비교하면 200% 성장했다고 말 할 수 있어요.^^ 매 시간 받아들인 긍정의 에너지와 자신감은 평생 제 것이 될 수 없었을 텐데 얻게 되었으니 어떤 수업에서 이런 것을 얻을 수 있겠어요? 정말 감사합니다. 아, 그리고 저 삼성전자 인턴에 합격해서 여름에 서울 올라가요^^ 정말 교수님 수업에서 얻은 경험들이 도움이 되었어요. 심사 면접관들 앞에서 교수님 얼굴이 생각나서 용기 있게 대처했던 것 같아요. 힘들 때마다 교수님 생각하며 힘내겠습니다.

-*정은 올림

이제 화요일 하루만 수업하면 이번학기 수업이 정말 끝이라는 게 아직도 믿어지지 않아요.

사실 저 이 수업 첫날 오리엔테이션하고 나서 그냥 수업 빼고 청강을 할까 하는 생각을 꽤나 많이 했었어요. 수강 신청할 때는 그냥 무조건 언니를 매주 볼 수 있을 거란 생각만하고 신청한 거였거든요. 그런데 오리엔테이션 때 수업 진행과정을 설명 들으면서 발표를 늘 두려워하고 피하려던 저였기에 수업에 잘 참여할 수 있을까? 하는 걱정이 엄청 많이 들었어요. 하지만 이왕 하기로 한 거 제대로 해보자는 생각으로 듣기로 마음먹고 수업을 빼지 않았답니다. 지금 생각하면 정말 잘 했다는 생각이

들어요.^^

정말, 〈스피치와 프레젠테이션 실습〉수업, 제 생애 최고의 수업이었어요!!

마지막 학기에 정말 제대로 된 수업을 듣고 졸업하는 것 같아 뭔가 뿌듯하고 전 행운아라는 생각이 들어요.

정말 잊지 못할 수업, 잊지 못할 교수님이었다는 걸 꼭 말씀드리고 싶었어요. 히히히~

좋은 추억, 좋은 수업 만들어주셔서 너무 고맙습니다!

-언니의 왕 팬 무늬

오랜만에 생각나 안부 여쭙고자 이렇게 글을 씁니다. 아, 저는 일 년 전에 〈스피치와 프레젠테이션〉을 수강했던 *고라고 합니다. 기억나시죠? '짐 많은 남자' ㅎㅎ

다름이 아니라 얼마 전, 실험실 담당교수님께서 학회가 있는데 구두발표 한번 해보지 않겠느냐고 물어오셨어요. 그동안 연구한 결과들을 모아여태껏 무얼 했는지 사람들 앞에서 말 할 수 있는 기회니깐 열심히 해보라는 말과 함께요. 조금 아니, 많이 부담스럽게 다가왔지만 여태껏 해왔던 실험결과를 논문으로 남기고, 사람들 앞에서 내용을 전달할 수 있는 좋은 경험이 될 꺼라 여겨 흔쾌히 승낙했죠. 그리고 두어 달 동안 글을 쓰고 자료를 만들어 발표를 했답니다.

글을 쓰는 건 어렵다고 느끼지 못했는데, 발표는 얼마나 떨리던지. 그

렇게 수업 때 훈련(?)을 받고 또 발표 전에 연습도 많이 했지만, 발표 당

일에는 역시나 심장이 터져 버릴 것 같더군요;

  아무튼 별무리 없이 잘 마쳤답니다. 대학교수들, 박사들, 업체사람

들 등등 나보다 여러 단계 위에 있는 사람들이 청중으로 있어, 마이크

를 든 손이 떨렸지만 마이크를 턱에 대고 그 떨림을 아무도 모르게 감추

었죠.ˆˆ 발표 전에 입이 굳지 않게 혀도 입안에서 빙빙 돌려가며 입 주

변 근육도 풀어주고, 눈 감고 '잘 될 꺼다. 잘 될 꺼다' 되뇌며 배웠던 대

로 맘을 다스리니 떨림이 많이 진정되더라고요. 지난 학기 수업 때 200

명 앞에서 발표할 기회가 있었는데 사람들 눈 하나하나 보아가며, 또 차

근차근 하고픈 말하며 좀 여유 있게 말하려고 하는 제 모습에 좀 놀라기

도 했답니다. 그리고 지난 주 역시 사람들 눈 보며, 내가 하는 말을 어렵

지 않게 쉽게 전달하려는 제 모습도 보았고요, 좀 뿌듯했어요. 완벽하게

잘한 모습은 아니었지만 말이에요.

  참, 유리에게 들어보니 요즘은 수업 때, 스피치 댄스도 하신다면서요?

나중에 유리 불러다놓고 한 번 배워야겠네요. ㅎㅎ

  아무튼, 교수님 감사합니다. 덕분에 좋은 경험들 계속 쌓고 있어요. 진

심이에요.ˆˆ

ㅡ추*고

Chapter02
방황, 좋아하는 것을 찾는 시간

*

자신감은 확신에서 생겨나고,
확신은 변화에서 온다

✎ 당신의 심장을 뛰게 하는 것은 무엇입니까

"당신의 심장을 뛰게 하는 것은 무엇입니까?"
첫 강의 앞머리에 항상 물어보는 말이다.
"연애요."라고 답하는 사람들이 있다.
물론 연애 초기엔 참으로 심장을 뛰게 한다.
그렇다고 아무것도 안 하고 연애만 하며 살 수는 없지 않은가.

분장실에서 아나운서 후배, 메이크업 동생, 코디 동생에게 물었다.
"살면서 사랑 말고, 너희 심장을 뛰게 하는 게 뭐가 있었니?"
순간 멈칫하더니 주저 없이 후배는 '방송을 할 때와 음악 감상하고
있을 때'라고 답했다.

다른 동생들도 일하고 있을 때란다.

살면서 일을 하며 심장 뛰며 만족스러워하는 사람, 많지 않을 것이다.

남들이 보기에 근사한 곳을 다녀도 회사 가기 싫어하는 사람이 참 많다.

후배 왈, "저는 이곳이 참 좋은 것 같아요. 이렇게 일을 좋아하는 사람들이 모여 있으니까요. 제 친구는요, 대기업 들어갔는데 일하기 싫고 힘들대요."

이 후배는 회사의 단기 계약직 아나운서로 들어왔다.

참으로 단아하고 착한 성품이 외모만큼이나 예뻐 보이는 후배다.

거기에 긍정적인 성격까지 겸해서 함께 오래 일하고 싶은 후배를 아주 늦게서야 만나게 됐다.

그런데 단기라서 함께 일할 시간이 얼마 남지 않아 아쉬웠다.

그 후배에게 "방송일 포기하지 말고 꼭 오래오래 해! 심장이 뛴다고 했으니까."라고 했다.

요즘 아나운서 업계는 단기 계약직으로 채용하는 곳이 많아졌다.

그래서 현장에서도 조금 하다 포기하는 아나운서들이 허다하다.

나 또한 그런 비슷한 상황으로 입사했다. 현재 처한 상황을 불평하고 나아지지 않을 거라 단정 지어 다른 일을 찾아 헤맸다면 과연 십여 년 아나운서 생활을 계속할 수 있었을까 싶다. 그 불안감들은 여실히 현장에서 탄로 났을 것이다.

두려워 떠는 것이 아니라 설렘 가득한 떨림이라면 계속 전진했으면 한다. 분명 조건의 차이는 있을 것이다. 돌아가든 직진하든 내가 하고 싶은 일을 하고 있다는 게 그 사람을 진정으로 빛나게 해준다는 것을 알았으면 좋겠다.

타사의 여자 아나운서 선배는 메이크업하고 옷 갈아입는 과정이 싫었단다. 그래서 현장을 뛰어다니는 기자가 되고 싶어 어렵게 옮겼다. 기자생활 하면서 오히려 성과도 많았다고 한다. 누가 시키지 않아도 알아서 취재하고 다니는 것에 희열을 느꼈단다. 오히려 그 선배는 기자생활이 심장을 뛰게 했던 거다.

🖉 하고 싶은 것을 찾았을 때 심장이 알려준다

내가 아나운서를 택한 것도 심장이 뛰는 일을 하고 싶어서였다. 하는 내내 믿기지 않을 만큼 심장이 뛰어서 좋았다. 중간에 피디나 기자와 겸하는 것을 권유했을 때도 "나는 아직 이 일을 계속하고 싶습니다." 라고 말했을 정도였다. 그리고 시간이 지나면서 내가 느끼고 깨달았던 생각들을, 나의 변화를 이야기하고 싶었다. 그런 자리는 쉽게 나지 않았다. 아나운서 생활을 하면서도 늘 머릿속에서 맴돌았다. 나의 변화된 삶들이 어디서 온 것들인지 누군가에게 전하고 싶었다.

실제 방송 생활을 할 땐 기자의 원고를, 피디의 지시를, 작가의 생각을 전해야 하는 일이 대부분이다. 물론 그냥 전하는 것이 아니라 나의 색깔을 담은 전달이다.

그런데 내겐 그것으론 부족했다. 시간이 흐를수록 나의 심장을 뛰게 하기엔 역부족이었다.

누군가에 의해 만들어진 것이 아니라 내가 경험하면서 깨달은 나의 생각을 전하고 싶었다.

그게 학생들을 대상으로 한 특강이었다. 드문드문 들어오는 특강이 나의 심장을 뛰게 하는 것 같았다. 준비하고 있는 내 모습은 또 다른 나였다.

그 후 대학 수업의 한 과목을 맡으면서 더욱 깨달았다.

바로 이거구나!

확신이 섰을 땐 거침이 없다.

'자신감은 확신에서 생겨나고, 확신은 변화에서 온다.'는 문구를 본 적이 있다.

그렇다. 확신은 내게 곧 변화로 다가왔다.

온 힘을 다해 준비했다. 그 과정이 즐거워서, 힘들어도 힘든 줄 모를 정도였다.

한 번의 유산 끝에 그토록 바라던 아이가 뱃속에 있었던 터라 더 조심했어야 했다.

그럼에도 포기하고 싶지 않았던 새로운 길이었다.

넘치는 열정을 첫 학기 수업에 쏟아 부었다.

지금 보면 미흡한 것도 많았을 텐데 따라와 준 학생들이 고맙기만 하다.

내 심장을 뛰게 하는 일이 진정한 내 목소리를 내고 있을 때라는 것을 느끼기 시작했다.

그리고 진정으로 하고 싶어 하는 일이란 것도 알게 되었다.

선배님~ 제가 첫 출근해서 분장실에서 인사드린 게 엊그제 같은데……, 벌써 6개월이라는 시간이 지났어요. 짧은 시간이지만 후배 방송인으로 인정해주시고 챙겨주셔서 감사해요! 뉴스가 어려울 땐 선배님 뉴스 모니터링도 하고, 선배님이 챙겨주신 편성 대본으로 집에서 거울 보며 진행 연습도 하면서, 조금씩 '아나운서 지망생'에서 '아나운서'로 변화할 수 있었어요. ^^;

모든 게 신기하고 조심스럽기만 했던 제게 먼저 다가와 조언 아끼지 않으셨던 선배님…!

어디에서든 열심히 노력해서 꼭 선배님처럼 좋은 방송인 될게요. ^^! 제 아나운서 인생 '첫 번째 선배님'!! 감사했습니다. 언제나 행복하세요!

－후배 정*은 드림

무엇을 좋아하는지 모르는 사람들에게

누구에게 부탁해보자.
어떨 때 내가 제일 집중하거나 관심 갖는 것 같으냐고.
그럼 간혹 하나씩 말해줄 때가 있다.

'넌 음식 이야기 나오면 집중하더라.'
'넌 개그에 뒤지지 않으려고 집착하더라.'
'넌 쇼핑할 땐 피곤해하다가도 말짱해지더라.' 등등.

2012년 국민 게임이라 일컬었던 '애니팡'이라는 것이 있었다.
휴대전화로 하는 아주 단순한 게임이다. 동물 세 마리를 줄을 세워
맞추는 것이다.

팡팡 터지는 소리가 순간 희열을 안겨주기도 한다. 뉴스로 보도될 정도로 그 열풍이 대단했었다.

아는 사람들의 순위를 확인할 수 있다는 점이 경쟁심을 불러일으키는지 중독성 있게 빠져들게 하는 게임이었다.

공부 성적 순위가 공개되는 거라면 정말 수치스러웠겠지만, 같은 순위라도 게임 순위라 즐길 수 있었던 것 같다.

왜 그렇게 사람들이 열광할까를 관찰했다. 아주 짧은 시간에 아무 고민 없이 몰입할 수 있는 것이 자꾸 끌리게 하지 않았을까. 접근성도 편리하고 지인의 순위를 볼 수 있는 것도 빠져들게 하는 것 같다.

잠시 동물 팡팡을 해야겠다고 마음먹는데 어느새 시간이 훌쩍 지나버린다. 어정쩡한 시간을 채우기에 아주 안성맞춤인 게임이었다.

어쩌면 저리도 잘 몰입할 수 있는지. 사람들의 표정은 진지하면서도 즐거움이 있었다.

평소엔 그런 집중력을 보이지 않던 사람마저 대단한 집중력을 발휘해서 깜짝깜짝 놀라기도 했다.

일할 때도 이렇게 기분 좋게 집중력을 발휘하는 사람 몇이나 될까?

🖊 무엇에 몰입하는지 잘 모른다

집중하는 제스처도 제각각이다.

어떤 사람은 집중할수록 입을 쭉 내민다. 자신의 머리카락을 빙빙 돌리는 사람도 있다.
볼펜을 똑딱거리기도 한다.

그런데 이런 표정들 이외에도 좋아하는 것 앞에서 뿜어내는 집중력들이 있다.

책을 좋아하는 사람은 책을 볼 때, 쇼핑을 좋아하는 사람은 쇼핑하고 있을 때, 스포츠를 좋아하는 사람은 스포츠를 할 때.

저마다 분명 좋아하는 것이 있다. 각기 분야도 다르다. 그래서 어떨 때 초 집중력을 보이냐고 물어보면 자신은 그런 게 없다고 말하는 사람들이 많다. 주변을 살펴봤다. 나의 지인들은 어떤 것에 집중을 하는지 유심히 봤다.

어떤 이는 파티를 준비하면서 집중하는 모습을 보였다. 들뜬 기분으로 아이디어 제공도 많이 했다. 그녀의 눈빛은 그 어느 때보다 빛났다.
생각지도 못한 정보들을 펼치면서 즐거워했다.
그녀는 파티 준비하는 게 정말 재밌다고 말한다.
내게 생일 파티를 준비하라고 하면 아마도 갑갑한 마음이 먼저 다가왔을 것이다.

집중은커녕 뭘 해야 할지 몰라서 어리둥절해했을 거다.

그녀는 '파티 플래너'를 했더라면 일상이 즐거웠을 것 같다.

그래서 직업을 다시 한 번 고민해보라고 했더니 그 정도는 아니라고 말한다.

또 다른 회사 여직원은 별명이 '네이버 지식인'이다.

육아 정보와 관련된 것을 물으면 모르는 게 없을 정도다.

숨 쉴 틈 없이 자신이 알고 있는 정보들을 풀어 놓는다. 그래서 궁금하면 그녀를 찾아서 묻는 게 인터넷보다 빠르다.

그녀가 말하는 동시에 눈빛은 어마어마한 에너지를 뿜어낸다.

신 나서 이야기하고 있는 것을 느끼게 한다. 같은 제품을 좀 더 싸게 살 수 있는 방법을 찾는 즐거움이 꽤 커 보였다.

나는 그 덕에 편히 출산 용품을 구비할 수 있었다. 그녀에게 육아 정보 노하우를 공개하는 책을 써보라고 권유해보기도 했다. 그런데 그 정도는 아니라고 말한다.

신랑은 흔히 남자들이 그러하겠지만, 자동차, 스포츠를 유난히 좋아한다. 그와 관련된 정보는 귀신이다. 자동차 이야기만 하면 눈을 반짝인다.

더불어 인테리어에도 관심이 남다르다. 인테리어 구상을 넘어서 혼자 뚝딱뚝딱 붙이고 떼고 못 하는 게 없다.

싱크대 시트지를 붙이는 집중력이 놀라웠다. 저 사람이 원래 저렇게 집중을 잘했던가 싶을 정도다. 혼자 붙여놓고 흐뭇해하며 평가까지 한다.

맘에 안 들면 동이 틀 때까지 뜯고 다시 작업한다.

'공간미학', '색감미학' 이야기를 들먹이며 자신이 해 놓은 것에 매우 뿌듯해 한다.

나 같으면 대충 살 것도 같은데 신랑은 매번 뭘 바꿀까 생각 중이다. 직업을 인테리어로 바꿨으면 하는 맘까지 든다. 신랑이 무언가 집중할 수 있다는 게 얼마나 고마운지. 그래서 인테리어 직업에 도전해 보는 게 어떠냐고 물었더니 그 정도는 아니라고 말한다.

어떤 언니는 청소의 달인 같아 보였다. 집안에 놀러 가면 모델 하우스 마냥 깔끔한 상태를 유지해 놓는다. 머리카락 한 올 찾아보기 힘들었다. 그래서 어떻게 이런 상태를 유지할 수 있느냐고 물었다. 그 언니는 눈을 반짝거리며 자신이 터득한 방법을 술술술 늘어놓기 시작했다. 청소를 의무로 하는 것이 아니라 즐거운 마음을 담아서 자기만족으로 하고 있었다. 그래서 다른 일을 찾기보다 청소와 관련된 노하우들을 공유하는 무언가를 찾아보라고 했다. 이를테면 블로그 운영이라든가, 기록으로 남겨서 책을 쓴다든가.

그랬더니 그 언니는 자신은 그 정도는 아니라고 말한다.

위에서 말한 이들의 공통점은 '자신은 그 정도는 아니다'는 것이다.

저마다 초 집중력을 발휘하는 것이 있는데 그것이 정작 자신은 그리 대단한 것이 아니라고 생각한다. 그냥 일상에 불과하다고 생각한다. 좋아하는 것을 못 찾는 사람도 있지만, 좋아하는 것을 넘어서 집중력을 발휘하는 '적성'을 찾는 것은 더 못하는 것 같다.

그리고 좋아하는 일을 자신의 직업으로 택한 사람들은 뭔가 특별한 사람들이라고 생각한다.
내가 보기엔 분명 적성에 맞는데도 자신은 못 보는 그런 것이 있었다.

🖋 왜 집중하는 것일까

누가 시킨 것도 아닌 일들을 찾아서 하는 내 주변의 사람들을 관찰하고 있으면 이 재미도 쏠쏠하다.
누구나 좋아하는 것들이 있다. 자신이 좋아하는 것을 할 땐 고도의 집중력을 발휘한다.
자신도 모른 채 거기에 흠뻑 빠져있다.
체감을 못 하고 있지만, 순간순간 발휘되는 집중력들이 있을 것이다.
그것을 찾아서 삶과 잘만 버무려 놓아도 인생 살맛 나지 않을까.

나는 그게 마침 방송이고, 강의할 때이다. 그땐 내 혼을 내려놓듯 모든 에너지를 사용한다. 아파도 마이크 앞이면, 청중 앞이면 언제 그랬냐는 듯 활기를 찾는다. 모든 게 끝난 후에 내가 아팠었다는 걸 깨닫게 된다. 그 순간 '난 좋아하는 일을 직업으로 삼아 다행이다' 싶다.

내가 가르쳤던 학생의 사례다. 그 남학생은 자동차를 굉장히 좋아해서 블로그를 만들어 글을 쓰기 시작했다고 한다. 그랬더니 자연스럽게 그곳을 찾는 이들이 늘어났고, 자동차 회사에서도 서로 홍보하려고 그 학생을 찾았다. 그 학생은 이제 취업 걱정을 안 해도 될 정도였다. 자신이 좋아하는 일을 시작했더니 의외의 결과를 맺게 된 경우다.

혹시 적성이나 좋아하는 것을 혼자 찾기 힘들다면 가까운 사람에게 부탁해보자. 내가 좋아하는 것이 무엇이고, 어떤 순간에 집중하는지 봐달라고. 진지하면서 즐거움이 동시에 감도는 나만의 표정이 어딘가에 숨어 있을 것이다. 그 표정을 만들어 주는 적성을 찾는데 시간을 투자해봤으면 한다.

다만, 그게 심각한 도박이나 쇼핑 중독과 같은 증세로 이어지면 곤란하다. 적절히 긍정적이고 발전적인 무엇인가이길 바란다.

82

83

*

자신의 매력을 발견하면
자신에 대한 애정도 살아난다

"저의 매력이 뭐라고 생각하세요?"

느닷없이 이런 질문을 던지면 순간 청중들은 멈칫한다.

정말 뜬금없는 질문인 것이다.

"활달하신 것 같아요."

"밝아요."

이런 대답들이 나오면

"내적 아름다움을 먼저 봐주셔서 정말 고맙습니다. 그런데 제가 말을 안 하고 있을 때 첫인상으로 보는 매력은 뭘까요?"

"광대요."

"화장발요."

뭐, 이런 말들이 웃음을 준다.

"그래요 맞아요. 그럴 수도 있겠다. 하지만 제가 저를 봤을 땐 눈썹인 것 같아요. 저는 진한 눈썹 덕에 색칠을 많이 하지 않아도 되더라고요."

그럼 모두의 시선이 나의 눈썹에 고정된다.

사람들이 처음 나를 봤을 때 많이 해주는 말들이 "눈썹 참 잘 났어요."다.

그런데 소싯적엔 정말 몰랐다. 나의 진한 일자 눈썹이 참으로 싫었다.

그때 한참 유행하던 기러기 날아가는 모양의 가느다란 눈썹 모양이 난 부러웠다. 그래서 과감히 눈썹 앞머리만 남기고 밀어버렸다. 지금 보면 참으로 '헐'이다.

그 당시엔 또 그게 유행이기도 했다는 핑계를 대고 싶다. 많이 밀린 내 눈썹에 아주 정교하게 그림을 그렸다. 입술도 두꺼운데 입술라인을 밖으로 그리고 안쪽에 색을 채우고 그러다 보니 큰 입술이 더욱 커졌다.

이제 막 대학생이 된 나는 꾸미고 싶었다. 고등학교 때까지 억눌렸던 미에 대한 감정을 얼굴에 마음껏 표출했다. 그 결과가 예뻤으면 좋았으련만 너무 과했던 것이다.

앳된 얼굴이 아줌마 얼굴 같아 보였으니 말 다했지.

우리 신랑, 그 당시 사진 보면서 키득키득 웃는다.

"이야, 여기 웬 고모님 한 분이 계시냐."

4년을 그 눈썹만 하고 다녔다. 매일 아침 눈썹 그리는 데만 얼마나 시간을 썼던지.
오랜 시행착오 끝에, 내 얼굴엔 눈썹이 풍성하게 있어야만 더 어려 보이고 얼굴 균형이 맞는다는 것을 알게 됐다.
그때처럼 눈썹을 밀어보니 없는 것보단 있는 게 더 낫다는 생각도 하게 됐다.
그리고 지금은 매력이라고까지 말하고 다닌다.
그렇게 싫던 내 눈썹을 매력 있다고 여기기 시작하자 그 눈썹이 예뻐 보이기 시작했다.
아마 밀어보지 않고 꾸며보지도 않았다면 그런 답도 못 찾았을 것이다.

보통 우리는 시도도 생각도 하지 않으려 할 때가 많다.
내 매력이 뭐든, 능력이 뭐든, 하고 싶은 것이 뭐든, 생각마저도 귀찮고 두려워할 때가 많다.
누구에게나 매력은 분명히 있다.
한 번쯤 그 매력을 찾아보려 했는지 묻고 싶다.
자신의 매력을 발견하는 순간 자신에 대한 애정도 생겨난다.
오랜 삶을 살면서도 진지하게 자신의 매력이 무엇인지 생각하는 것을 귀찮아한다.

"내겐 그런 거 없어. 그냥 사는 거지 뭐~" 이렇게 둘러대고 또 오늘 하루를 보낸다.

내가 눈썹이 매력 있는 것 같다고 말했을 때 사람들은 "아~그렇구나." 라는 표정을 짓는다. 거기에 반발해도 뭐, 내가 생각하기에 그렇다는데 어떤가. 내 스스로 당당하게 생각하는 것은 다른 사람들도 마찬가지로 인정해 주는 경우가 많다.

*

행복한 미치광이

방향,
좋아하는 것을
찾는 시간

방송에서 늦깎이 수채화 화가를 만났다. 남들보다 늦게 시작한 것
이 오히려 더 몰입하게 만든 원동력이었다고 했다. 늘 지나가던 길의
풀 한 포기, 건강을 위해 다니던 산자락도 달리 보이기 시작했단다.
주변의 모든 자연 풍경이 화가에겐 그림으로 이야기되기 시작했다.

지금은 시간만 나면 주변의 산과 들로 나간단다.

화폭에 어떤 자연을 담을지 머릿속에는 온통 그 생각뿐이라고 한다.

이렇게 생각하기 시작하면서 이제는 들꽃 들풀들이 어떤 표정을
하고 있는지 어떤 말을 하려고 하는지까지 느끼게 됐다고 한다. 이정
도면 미쳤다고 할 수도 있겠다.

이 화가는 정말 그림에 미쳐 있는 거다. 그래서 내 눈앞에 보이는
그 멋진 작품을 감상할 수 있었던 거였다.

지금 나도 그렇다. 온통 책 쓰는 내용으로 미쳐 있다. 책을 써야겠다고 생각하면서부터는 모든 게 책 내용을 어떻게 쓸 것이며 생각을 어떻게 정리하고 엮을 것인가로 가득하다.

주변에서 들려오는 이야기들도 예사롭지 않다.

대화 속에 살아 숨 쉬는 이야기들이 하나둘 불쑥불쑥 튀어나온다.

그래서 운전하다가도 메모하고 수다를 떨다가도 멈칫하며 메모하고 분장하다가도 뉴스 룸에서 대기시간에도 메모한다.

미칠 일이 있다는 것은 심장을 뛰게 만든다.

느리게 가던 심장을 빠르게 뛰게 한다. 살아있다는 것을 느낀다.

🖉 미쳐있을 땐 그것만 보인다

아나운서가 되기 위해 준비할 때도 미쳐 있었고, 1년 계약직 아나운서 신입 생활을 할 때도 방송으로 인정받기 위해서 미쳐 있었고, 그렇게 하고 싶던 강의를 시작했을 때도 강의와 학생들에게 미쳐 있었다.

미쳐있을 땐 그것만 보인다. 그게 나였다. TV채널도 하나에 꽂히면 그것만 보고, 음악 들으며 책 보는 친구 보면 신기해하던 학생, 연애도 빠지면 그 남자만 보는. 지극히 '멀티'가 안 되는 나다.

한 번에 하나밖에 못하는 나이기에 부족하고 답답한 나였지만, 진정 하고 싶고 원하는 것이 있을 때 온 힘을 다해 그것만 생각하며 뇌를 풀가동 시키니까 그럴 때마다 의외의 능력들도 발견하곤 했다.

하나씩 미치고 난 후, 그 결과가 좋든 나쁘든 간에 거기서 얻어지는 깨달음이 그다음, 또 다른 곳에 미칠 수 있도록 예열시킨다.

22살 즈음 영어 단어에 미친 적이 있었다. "영어는 과거에도 현재도 늘 우리를 주눅이 들게 하고 다 끝내지 못한 숙제처럼 붙어 다닌다."라고 말하는 사람들 많을 것이다. 요즘은 조기교육이라 해서 유아 때부터 영어를 접하게 되지만 나는 중학교 1학년 때 처음 영어를 배웠다. 그 후 6년을 했지만 '진짜 영어'를 배우진 못 했던 거다. 시험을 위한 영어를 했지, 내가 관심 있고 좋아서 하진 않았다. 그래서 내겐 영어 공부가 항상 부담스러웠다.

그런데 늘 그런 부담으로 살기 싫었다. '이왕 내게 필요한 거라면 한번 해보자!' 라는 생각으로 무작정 시작했다.

지금 생각하면 어떻게 그렇게 했을까 할 정도로 무식한 방법으로 몰입했다.

아주 간단한 단어 중 하나인 'go'가 나오면 뜻을 알아도 무조건 사전을 찾아서 형광펜으로 밑줄을 그었다. 그 안에 담긴 내용의 어원들을 그냥 밑줄 그으며 읽기 시작했다. 그 과정을 반복하고 보니 어느새 두꺼운 사전이 온통 색색 형광펜으로 물들어져 있었다.

밥 먹을 때도 잠자기 전에도 그 사전을 놓지 않고 색칠해진 부분을 보고 또 보고를 반복했다. 영어 꽤나 한다는 사람들이 한 번씩 꾼다는 영어 꿈을 나도 꾸었다.

그렇게 3개월을 했더니 나도 모르게 단어에 자신감이 붙었다.

어찌 보면 하나만 파는 편집광적인 성격이 이뤄낸 쾌거인지도 모르겠다.

그 사전을 친구에게 주면서 거기 나온 단어들을 물어보라 했다. 친구는 황당하다는 표정을 지었다. 그런데 난 너무도 당당했다. 그래서 빨리 테스트 받고 싶었다.

3개월간의 영어에 미친 나는 진정 영어 단어가 좋았던 거다. 누가 시켜서가 아니라 내가 선택한 영어이기에 더 좋았던 거다.

지금도 그 빨간 영어 사전을 보물처럼 잘 모시고 있다. 내가 간혹 맘이 흐트러지려 할 때면 집념을 쏟았던 그 사전을 보며 다잡곤 한다.

물론 그 후, 영어 아닌 다른 곳에 미치는 바람에 점점 멀어져간 나의 그 옛날 영어 단어들이 지금은 무척이나 그립다.

하지만 그 순간을 떠올리면 '내가 이것도 했는데 뭔들 못 하겠냐'라는 무모한 자신감이 불끈불끈 솟구친다.

🖉 지치지 말고 미쳐라

〈문화향〉에서 만난 조기호 시인이 이런다.

"우리 집 식구들은 다 미쳤어요."

"예?"

"저는 시에 미쳤고, 마누라는 음악에 미쳤고, 큰딸은 국악에 미쳤고, 작은딸은 도예에 미쳤어요."

시인의 집안은 각자의 색깔이 분명했다.

그러다 보니 서로 이해 못 하는 경우도 있다 한다.

그런데 그 분야에서 모두 인정받으며 살고 있다.

최고는 아니더라도 좋아하는 일에 미쳐 있는 삶이 얼마나 행복한 일인가.

사랑하지 않는 것에 미칠 수 있을까.

사랑하지 않으면 미칠 수 없다.

밥먹는 시간이 너무 아까울 정도로 깊이 몰두하는 일을 할 때 얼마나 즐거운가.

자기가 재미있어하는 일을 해야 한다. 평생을 바쳐도 좋다는 것을 찾았을 때, 남은 인생의 의미와 목표가 명확해져서 하루하루가 두근두근거리며 즐거울테니까 말이다.

내일이 기대되면서 잠자리에 들게 하는 일은 힘들게 느껴지지 않는다.

싸이가 인터뷰에서 '지치면 지는 거고, 미치면 이기는 거'라고 했다.

미쳐 있을 때 나오는 에너지는 사람을 기쁘고 설레게 한다.

살면서 얼마나 미쳐봤는가!

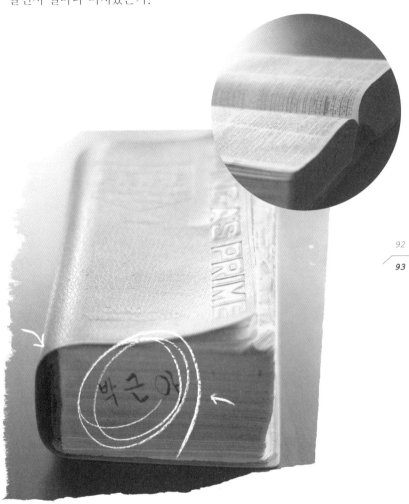

사진_박근아

손해를 감수하고 투자할 수 있습니까?

"10만 원 받는 행사에 얼마 정도 투자할 수 있습니까?"

학생들이나 직장 후배들에게 꼭 이런 질문을 던져 본다.

5만 원, 3만 원, 전혀 투자하지 않겠다 등등의 답들이 나온다.

이렇게 답한 사람들은 10만 원을 받으면 얼마 남는지 이윤을 먼저 생각한다.

물론 돈 버는 것이니 이윤을 먼저 생각하는 것은 당연하다.

하지만 이제 막 사회생활을 앞둔 사람들의 이 같은 대답을 들을 때면 참으로 안타까운 마음이 든다.

투자란 부동산이나 주식에만 한정된 것이 아니라 미래에 어떤 것을 이루기 위해 쓰는 기초 비용도 포함된다.

10만 원 행사에 10만 원 전부, 혹은 15만 원을 투자할 줄 아는 배짱이 있어야 한다. 그 행사를 10만 원 가치로만 보면 그 사람도 10만 원의 가치뿐인 사람이 된다.

돈을 잊고 투자하는 마음으로 임하면 그 행사 보러 온 사람들은 분명히 당신의 가치를 더 높이 평가하게 될 것이다. 투자를 많이 했으니 당연히 당신은 더 멋지게 해내려 노력할 테고 그런 자세를 지켜본 행사 담당자는 내년에 당신을 또 부를 것이다. 더불어 다른 곳에 소개도 해줄 것이다. 그곳에 온 사람들도 마찬가지로 또 보고 싶어 하게 된다.

그래서 10만 원이었던 행사가 내년엔 50만 원, 100만 원 되는 행사가 되는 것이다.

그것이 투자다.

남길 생각부터 하고 시작하면 정말 딱 그 정도로만 보인다.

지금 조금 손해 보더라도 기회가 온다면 당신의 능력을 한껏 돋보일 수 있는 것에 투자를 아끼지 말았으면 한다.

그러면 대체 투자를 어떤 식으로 해야 하느냐고 물어본다.

그에 대한 대답은 내 경우를 들어 이야기할 수밖에 없다.

🖇 이유 있는 지출

따로 코디 메이크업 담당이 있어도 일단 내가 입고 내 얼굴에 화장하는 거니까 내가 제일 잘 알아야 한다는 주의라서 옷방에 옷이 종류별로 가득 차 있다. 어머니가 "너 옷 장사 할래?"라고 물어볼 정도다.

자매들이 모두 내가 쓰던 몇 년 전 옷이나 가방을 들고 다닌다. 하물며 이젠 여조카까지 그런다. 나의 자매들은 내 옷방에 들어가면 한 시간은 기본으로 머문다. 10년간 방송 생활하면서 남은 게 옷방이지만 후회하지 않는다. 이것저것 사보고 입어보고 실수해보니 이제 내게 맞는 게 무언지 알게 되었다. 오히려 쇼핑도 아주 전략적으로 할 수 있게 됐다.

차 트렁크, 회사 분장실, 탈의실에도 온통 내 신발과 옷들이다. 지역 방송국에서 최대한 자신의 스타일을 만들려고 안간힘을 썼다. 지역 방송 채널 잡히면 "야, 역시 지역이야" 이런 말이 듣기 싫었다. 물론 나도 그런 말을 했던 사람 중에 하나였지만 말이다.

코디가 가져다주는 옷에 내가 챙겨온 옷을 놓고 상의하고 간혹 나와 맞지 않다면 비치해둔 내 옷을 입고, 메이크업도 인터넷이나 방송, 책을 보고 배웠다. 탤런트들이 텔레비전에 나오면 가까이 딱 붙어서 연구한다. 그랬더니 하나둘 답이 보이기 시작했다.

다행히 나와 맞는 메이크업 코디 동생들도 만나게 됐고, 그들도 자신의 일에 아낌없이 투자하는 사람들이라서 얼마나 기특한지 모른다.

그렇다 보니 함께 일하는 것이 정말 재밌고 일하는 게 기다려졌다. 코드 맞는 사람 만나는 것도 복이잖은가. 이제는 그 동생들 없으면 내가 어떻게 이렇게 일할 수 있을까 싶다.

내 일이 브라운관에 나오는 사람이기에 내 얼굴은 내가 책임져야 한다는 생각을 수없이 해왔다. 그래서 아나운서로 제대로 인정받고 싶은 일념에 아낌없이 투자할 수 있었던 것이라 생각한다. 남들 자는 시간에 책보고, 술 마실 돈으로 화장품 액세서리를 사고 그랬더니 사람들은 돈이 많으냐고 묻기도 했다. 그런데 없어도 있는 것처럼 생각하고 투자하니까 정말 일하는데도 자신감이 붙고 돈은 저절로 조금씩 들어오는 것이 보였다.

더불어 점점 멋있다는 말도 듣기에 이르렀다. 어차피 내 일이 비주얼을 담당해야 할 일이라면 과감히 투자하는 것도 나쁘지 않다고 생각한다. 괜히 어정쩡하게 이것도 저것도 아닌 자신으로 살기보단 용기 내서 투자해야 할 땐 해야 한다. 당장 그 답이 나오지 않아도 분명 알아주는 이들이 생겨나는 법이다. 무엇보다 내 스스로 당당해진다.

간혹 후배들이 어떻게 일해야 인정받을 수 있을까요? 하고 물어본다.

그래서 내가 했던 것들을 일장 연설해주면 그때는 설득이 되는지

한 이틀은 바짝 긴장하며 다니지만, 곧 풀어진다.

왜 그럴까 하고 생각해 봤는데 사람은 이미 잡은 물고기에게 밥 주기 싫다고 하는 것처럼 직업관도 그렇게 여기는 듯하다.

이미 아나운서 됐는데 굳이 자기가 안 해도 될 일에 뭐 하러 그렇게 신경 쓰냐는 것이다.

편하게 살고 싶은 게 인간이다. 코디, 메이크업 할 사람들 따로 있는데 왜 자기가 돈 들여서 옷 사고 화장하느냐는 것이다. 그래서 그런 후배는 마땅히 대체할 만한 뉴스 의상이 없어서 급하게 방송 들어갈 때 옷 때문에 쩔쩔매곤 한다.

그런 후배들을 보면 남 탓은 참 잘한다. 결국, 그렇게 하면 방송을 자신감 있게 못 하고 누구 탓해서 조직 생활이 원활치 않고 하루하루가 불안할 따름이다.

나는 오히려 주말에 놀러 갈 때 편한 일상복이 부족해서 쉬는 날 뭘 입을까 고민일 때가 있다. 거의 방송용 옷뿐이었던 것이다.

🖇 프로페셔널이 되기 위한 준비

이젠 행사 요청이 들어오면 머릿속으로 그 행사 분위기를 떠올려 콘셉트를 정한다. 환경을 사랑하는 느낌을 담은 행사라면 의상도 자연 친화적인 색상으로 선택한다. 이미 아나운서가 온다 하면 기대치가 있을 테니 그에 걸맞게 적당한 화려함으로 세팅하려 한다. 그리고 미리 시나리오를 머릿속에다 그림 그리듯 연상하면서 일어날 일까지 예측해 놓으면 당황하지 않게 된다.

미리 관련 서적도 찾아보고 멘트도 써놓은 대로 하지 않고 애드리브를 준비해 간다.

나라는 사람을 부른 데에는 그에 상응하는 이유가 있다는 것을 보여주는 것이다.

여자는 주머니 없는 의상이므로 차 열쇠, 휴대전화기를 넣을 작은 핸드백, 볼펜까지 다 체크한다. 이런 것들이 습관화되면 허둥대지 않게 된다.

진정으로 지금 그 자리에서 인정받고 싶다면, 남을 탓하기보다는 하는 일에 과감히 투자하는 것을 아까워하지 말았으면 좋겠다. 자칫 돈 낭비로 오해할까 봐 다시 말하는데 돈 낭비를 하라는 것이 아니라 일을 좀 더 탄력 있고 프로페셔널답게 하기 위한 틀을 만들어 놓으라는 것이다.

무엇을 줄이고 어떻게 투자할 것인지 지금 고민하자!

*

인생을 즐길 줄 아는 사람

내가 타는 차가 나다.

내가 사는 집이 나다.

내가 나온 학교가 나다.

내가 다니는 회사가 나다.

우리는 이런 간판들 속에 살아간다. 이런 보호막들을 수없이 갖고 있다. 그 보호막을 어떻게 하면 좋은 것으로 고를까를 고민하며 산다. 그리고 그걸 가지려고 엄청난 노력을 한다. 그 안에서 벗어날 수 없도록 자신을 만들어 간다. 행여 그걸 잃을까 봐 불안해하며 보내는 시간도 꽤 많다.

어떻게 하면 학벌 수준을 높일까 대학 들어가기 전까지 고민한다.

학과보다 대학 타이틀을 더 먼저 보는 경향이 많다.

그리고 그 대학으로 그 사람이 얼마만큼 공부했는지 쉽게 판단하는 기준으로 삼는다.

내가 대학을 다닐 때쯤엔 그 분위기가 더 심했다.

📎 SKY를 거부한 사나이

그런 와중에 학과 동기생들을 일제히 술렁이게 했던 사나이가 있었다.

소위 우리나라에서 3위 안에 드는 대학에 입학했었던 사나이다. 그런 그가 과감히 거기를 나와서 우리 대학으로 온 것이다. 이유인즉슨 원하지 않는 학과였단다.

참으로 이상한 건 그렇다면 '그 안에서 학과를 옮겨도 됐을 텐데 왜 그랬을까'라는 의문을 갖게 하는 사나이였다.

그는 거의 도서관에서 살다시피 했다. 흰 티에 청바지만 입고 다닐 정도로 외모도 신경 쓰지 않았다. 졸업할 때까지 선의의 경쟁을 펼친 그 사나이를 아직도 난 생생하게 기억한다.

누구의 시선을 의식하지 않고, 하고 싶은 공부를 택한 용기가 대단해 보였다.

어떤 이들은 학과는 그냥 끼워 맞추고 일단 간판 좋은 학교를 택하는 게 일반적인데 그는 달랐다. 그래서 우리 학과가 그에겐 더 소중하게 다가왔던 것이다.

그리고 힘들게 들어간 명문대학 문을 박차고 나온 자신의 결정에 더 확신을 갖고 달리는 것 같았다. 그 후 원하는 직장에 당당히 입사했다.

손에 쥔 것을 놓기란 더 힘든 것이다. 어떻게든 버겁더라도 쥐고 있으려고 한다. 그걸 놓치기라도 하면 무슨 큰일이 날 것만 같은 불안감이 감돌기도 한다.

우리 마음속엔 자신을 보호해주고 싶은 안전장치들이 필요하다고 생각한다. 그게 가끔은 좋은 학벌, 직장, 돈 많은 애인 등등이 자신을 보호해 줄 것만 같다. '그 보호막이 사라지면 어떻게 하지' 라는 '보호막 불안 증세'를 우리는 늘 안고 살아간다. 그래서 하나의 보호막이 사라지려 할 즈음 또 다른 보호막들을 찾아 나선다. 그것을 찾지 못할 땐 지금의 자리를 어떻게든 지키려 한다. 그게 좋든 싫든.

돈 많은 애인이 원하는 것을 척척 해줘서 그가 싫어져도, 잘못을 해도 헤어지지 못하는 건 아닌지. 헤어지기 전에 혼자 남으면 보호막이 사라져서 불안하기에 또 다른 보호막을 준비하고 있진 않은지. 지금 대학이, 직장이 나와 맞지 않은데 그게 없으면 불안해서 홀로서지 못하고 있지는 않은지 고민해 봐야 한다.

🖉 인생을 즐길 줄 아는 여자

나와 인연이 돼서 1년 동안 내 메이크업을 담당했던 여동생이 있었다. 그녀는 알면 알수록 매력 있는 여성이다. 세상을 바라보는 시선이 굉장히 당당했다. 많은 것을 갖고 있어도 늘 불안해하는 보통의 젊은 여성들과는 사뭇 달랐다. 그 당당함은 대체 어디서 나오는 걸까 싶어 질문을 많이 했다.

그녀는 요즘 누구나 쉽게 딴다는 대학 졸업장도 없다.

그래서 조심스레 "아니, 왜 대학을 안 갔니?" 물었다.

"친구들 모두 대학 가는데 그 당시 내겐 대학 졸업장이 필요한 게 아니었거든요. 메이크업이 정말 하고 싶어서 그 기술을 더 배우고 싶었어요."

그녀는 그 후 미용실에 들어가서 정말 밑바닥부터 배우기 시작했다. 메이크업이 정말 좋아서 뛰어들어 미용을 배우게 됐단다. 그 일을 하는 게 신나서 꼬박 십 년을 빠져 있었던 거다. 그리고 여기저기서 스카우트 제의를 받게 됐지만, 자신이 정작 하고 싶은 일은 전문 메이크업이었다. 그래서 또 한 번의 도전으로 십년을 몸담았던 울타리를 과감히 뜯고 나왔다.

그 울타리를 벗어던진다는 게 두렵기도 했지만, 또 한 번의 용기를 냈단다.

그리고 지금 시작하는 메이크업이 정말 흥분되고 좋단다. "자신은 일과 연애를 한다"는 첫 마디가 참으로 인상 깊었다.

실제로 일하느라 연애도 몇 번 안 해 본 그녀다.

대부분의 여성은 일이 끝나고 혼자가 되면 그 시간을 어떻게 해야 할지 몰라서 매우 허전해한다. 외롭다고들 한다. 그래서 애인을 만들고 싶어 한다. 함께 시간을 보내주길 바라는 마음에서 애인을 찾는다. 그렇게 만난 애인이 행여 외롭게 혼자 두기라도 하면 금세 토라지고 싸움으로 번진다.

그런데 그녀는 혼자만의 시간을 정말 알토란처럼 사용한다. 늘 바쁘고 에너지가 넘친다. 원하는 음악, 그림을 찾아서 혼자서도 다닌다.

내가 진행했던 문화 관련 프로그램을 이렇게 관심 있게 물어본 지인은 그녀가 유일했다. 보통 그 나이에 문화 소식을 깊이 있게 눈을 반짝이며 논하기란 쉽지 않다.

사진을 찍으면서 혼자 즐거워한다. 보통 사진도 누군가를 보여주기 위해 찍는데 그녀는 정말 자신이 신나서 찍고 또 찍는다.

자신이 하고 싶은 일이라면 누구를 의식하지 않고 해보는 그녀였다.

한 번도 대학을 안 가서 후회 해 본 적은 없다 했다. 대학 공부는 진정으로 자신이 하고자 할 때 늦더라도 갈 거라고 한다.

누군가의 보호막에 살지 않고 있는 그녀의 마음이 다져져서 온몸에 당당한 기운으로 넘쳐 보였나 보다.

명문 대학을 나오고, 훌륭한 직장을 다니고, 돈 많은 애인이 있는 그 어떤 여인들보다도 그녀는 더 자유롭고 빛나 보였다. 자신의 인생을 즐길 줄 아는 여인이다. 이미 이른 나이에 '보호막 불안 증세'를 떨쳐냈기에 가능한 일일 것이다.

✏ 용기가 가져다 준 자존감

대부분의 사람이 갖고 싶어 하는 큰 보호막. 안전장치를 내려놓는 용기! 그것이야말로 진정한 무기가 된다는 것을 그와, 그녀를 통해 생각해봤다.

그들은 이미 '보호막 불안 증세'를 이른 나이에 깨우치고 가장 큰 보호막은 자신의 마음이라는 것을 테스트해 본 것인지도 모른다.

그것을 알고 각성하고부터는 두려울 게 없고 못할 게 없는 엄청난 안전장치인 자존감을 갖게 된다.

당신도 보호막 불안 증세가 있습니까? 그 증세가 느껴진다면 즉각 진단해 봐야 한다. 나부터도 보호막에 의존하고 있진 않은지 지금 생각 중이다.

안전장치를
내려놓은 용기!
그것이야말로
진정코
용기이다

///////////////////////////////////////

우리들의 꿈 ; 우린 그때 무엇을 꿈꾸었을까?

전주 성심여자 고등학교 시절이 떠오른다. 세일러 교복을 입고 교정에
앉아 조잘조잘 이야기하던 꿈조차 푸르렀던 그 시절. 근아와 나는 항상
함께였다. 우리는 서로의 고민을 나누고 서로의 꿈을 공유했다.

근아는 맑고 순수했다. 그래서인지 선생님들도 근아를 많이 예뻐했다.
단발머리의 다소 내성적이며 여성스러웠던 근아와 달리 나는 장난기가
많았고 다소 엉뚱한 커트 머리 소녀였다. 근아는 항상 나의 짓궂은 장난
에 껌뻑 속아 넘어가면서도 늘 해맑게 웃어줬다. 그 순수함이 좋아 난 항
상 근아 곁에 있었다.

한 번은 내가 근아를 울린 적이 있었다. 쉬는 시간이었다. 세일러 교복
을 입고 복도 여기저기를 날뛰는 친구들 틈을 지나 화장실에 다녀오는
길이었다. 그런데 마침 수업이 채 끝나지 않은 반이 있었다. 선생님은 여
전히 이야기 중이셨고 반 아이들은 뚫어져라 선생님을 쳐다보고 있는데,
내가 그만 옆에서 천진난만하게 걷고 있던 근아를 앞문으로 밀어버리고
도망을 쳐버렸다. 그렇게 근아는 무방비 상태로 성스러운 수업시간에 어

이없게 등장해버린 것이다. 도망가며 뒤를 돌아보니 얼굴이 벌게져서는 근아가 내 뒤를 울면서 쫓아오고 있었다. 그 모습이 어찌나 재밌던지. 그러고 보니 나는 참 별났고 작은 장난에도 울어버릴 정도로 근아는 유난히 순수했다.

그 시절 우리들의 꿈은 무엇이었을까? 나의 꿈은 기억한다. 아나운서. 고등학교 3년 내내 선생님과 아이들로부터 목소리가 좋다는 이야기를 많이 들었고 그래서일까? 막연히 아나운서를 꿈꾸었다. 근아의 꿈은? 잘 기억나지 않는다. 미스코리아? 근아가 예쁘긴 했지. 국어 선생님? 아 맞다. 근아가 국어를 참 좋아했고 잘했지.

그런데 왜 근아의 꿈이 기억나지 않는 걸까? 왜일까? 생각해 보면 근아는 나의 이야기에 항상 귀 기울여줬고 나의 고민을 자신의 것인 마냥 늘 함께 나눴다. 나는 틈만 나면 아나운서가 되겠다고 근아를 앞에 세워두고 국어책을, 영어책을, 심지어 만화책을 소리 내어 읽어댔고 근아는 늘 주의 깊게 들어줬다. 그래서일까? 어설픈 내 꿈에 혼자 취해 있느라 근아의 꿈을 듣지 못했던 것일까.

그렇게 단짝인 우리는 고등학교를 졸업했고 서로 다른 곳에서 대학생활을 시작했다. 졸업할 무렵 만났을 때, 비로소 근아의 꿈을 들을 수 있었다. 고등학교 3년 내내 내가 취해 있던 바로 그 꿈. 그 꿈 곁에 근아가 있었다. 아나운서는 이미 근아의 목표가 되어 있었다. 그때 문득 생각했다. 근아가 내게 말했을지도 모른다고. 나의 꿈도 너와 같다고. 분명 그렇게 말했을지도 모른다고. 내 꿈에 취해 있느라 내가 기억하지 못했던 것뿐이라고.

결국 근아는 아나운서가 되었다. 어설픈 나의 꿈을 나의 단짝이 현실로 만들어 버린 것이다. 우리들의 꿈이 실현된 것이다. 질투나게도. 그리고 이제 그녀는 다른 꿈에 도전하려고 한다. 그 꿈을 응원한다. 그 시절 내 곁에서 나의 꿈을 진심으로 응원해 줬던 너처럼 널 응원해.

"근아야, 항상 내 이야기에 크게 웃어주고 깊게 감동해 주는 너의 그 진심이 난 항상 좋았어. 이제 너로 인해 다른 사람들이 행복해 질 차례인가?"

너의 고등학교 단짝 친구가 책 출간을 축하하며

-KBS 프로듀서 송현주

Chapter03

내 마음 들여다보기

112-155

마음이
예뻐야대
인사ㅎ
시선 성처
당신의마음
ㅇ명과
양던

마음의 자세는 몸으로 드러난다

무대 런웨이를 걷는 모델이 구부정하게 워킹하는 것이 상상되는가?
모델이 구부정하게 워킹한다면 얼마나 이상해 보일까 잠시 생각
해봤다.

그 옷이, 신발이, 헤어가 멋있어 보일까?
분명 이상해 보일 것이다.
그래서 모델들은 그 어떤 이보다 당당한 포즈와 멋있는 워킹을 연
습한다. 그래야만 모델이 홍보하는 것들이 돋보이기 때문이다.

길거리를 걷고 있는 이들을 바라보면 정말 다양하다는 것을 느낀다.
개중에 멋진 옷을 입었는데도 자세 하나만으로 전혀 멋져 보이지

않는 사람들이 꽤 있다.

반면 같은 옷이라 해도 소화를 잘해서 다른 느낌을 주는 이들도 있다. 연예인이 입어서 예뻐 보여 샀는데 실패하는 경우도 종종 경험하게 된다. 물론 타고난 체형 때문에 느낌이 다를 수도 있다.

간혹 어떤 이들은 자신이 그렇게 걸을 수밖에 없는 것은 체형 때문이라고 말한다.
그런데 그 체형은 마음의 자세에서 오는 경우가 많다.
걷는 자세만으로 성격을 어느 정도 가늠할 수 있다.

잠시 주변 사람들을 떠올려보자.

떠올린 그 사람이 어깨를 축 늘어뜨리고 걷는가? 그렇다면 혹시 그 사람이 자신감 없어 보이진 않는지, 뭔가 일이 잘 풀리지 않은 건 아닌지, 위축되어 있는 건지도 생각해보자.

🖉 자세만으로도 성격을 알 수 있다

나는 그리 큰 키가 아니라서 키 큰 친구가 늘 부러웠다.
그런데 주변에 키 큰 친구들을 보면 모델이 아니고서야 보통 자세들이 구부정했다.

그래서 오히려 그 키로 멋진 옷을 살리지 못하는 경우를 종종 보곤
한다. 등과 어깨만 펴도 멋있어 보일 텐데 늘 안타까웠다.

나와 가까이 지내는 한 여동생은 자세 때문에 늘 고민이었다.

패션 감각이 뛰어나지만, 옷을 입었을 때 자신이 생각하는 느낌의
태가 안 난다는 것이다. 키도 적당히 크고 마르지도 뚱뚱하지도 않은
그녀의 몸매. 알고 보니 자세가 문제였다.

자세를 교정해 보라고 조언했다. 그녀는 곧 교정술에 능한 곳을 찾
았다. 많은 돈을 주고 교정하려 했지만 쉽게 바뀌지 않았다.

30년 세월을 그렇게 살아왔으니 하루아침에 바꾼다는 것은 정말
쉽지 않았을 것이다.

반면, 키가 작고 살짝 통통한 여동생이 있다. 그녀는 어떤 옷을 입
어도 소화를 잘해낸다. 곧은 자세가 그 옷을 돋보이게 해줬다.

이렇게 두 여인을 봤더니 성격 차이가 자세 차이까지 가져왔다는
것을 알았다. 구부정하게 다니는 그녀는 뭔가 일이 잘 해결되지 않
고, 우울할 땐 더욱 축 처져서 다닌다.

그래서 툭 치면서 "어깨 펴"라고 수없이 말한다.

조금이라도 기분이 좋을 때면 금세 어깨를 펴보려고 노력하지만 우울할 때면 그마저 하지 않는다.
반면 어깨 펴고 당당히 걷는 그녀는 늘 활기가 넘친다.

몸의 자세는 마음의 상태를 그대로 누군가에게 보여주는 꼴이다.
이왕이면 내게서 밝은 기운이 몸으로 표현되도록 얼마나 노력해봤는가?

남자들의 경우는 더욱 그렇다. 어깨 펴고 당당히 걷는 이와 대화를 나눠보면 여지없이 인생을 주체적으로 산다. 반면 어깨를 축 늘어뜨린 남성들의 경우는 다소 소극적인 삶을 살고 있었다.

연애 초기 남성들의 발걸음을 생각해보자. 여성이 자신을 대단한 남자라고 생각해주면 그 여자를 만나러 가는 자세는 아주 당당하다.
그 여자를 만나는 순간만큼은 당당하기 때문에 나오는 마음의 자세다.

그런데 실연당한 남자의 뒤태를 생각해보자.
땅속으로 들어갈 것처럼 고개 숙인 남자를 볼 것이다.
세상을 등지고 싶은 그 우울함을 온몸으로 표현해준다.
상실감이 눈빛에서만 나오는 게 아니라 몸으로도 표현되는 것을 느끼게 된다.

이런 자세가 연애 때만 드러나면 차라리 나을 법도 하다.
하지만 세상에 대한 상실감을 늘 몸으로 표현하며 살아가는 이들
이 생각보다 많다.

그들을 보면 절로 "기운 내"라고 말해주고 싶어진다.
자신감 없어 보이는 자세라고 흔히 말하지 않는가.
뭐 이런 자세 별거 아니라고 생각하기 쉽다.

몸의 자세는 마음의 자세에 비례한다는 사실을 무시하고 살아간다.
《피플워칭》을 쓴 데즈먼드 모리스는 자신의 마음상태를 숨기려고
해도 몸의 자세로 드러난다고 하였다. 자세는 상대방에게 자신의 속
마음을 은연중에 보여주는 것이다. 괜히 면접 볼 때 좋은 자세를 하
라고 알려주는 게 아니다. 자세에서 마음상태를 짐작할 수 있기 때문
이다.

📎 마음을 고치면 자연스럽게 자세도 고쳐진다!

이왕이면 "나 기분 좋아"라는 좋은 기운을 보여주는 것이 낫지 않
을까. 그렇다면 주변의 시선이 서서히 바뀔 것이다.

사람들은 밝은 에너지를 가까이 두고 싶어 한다. 좋은 자세는 밝은 에너지가 자연스럽게 찾아오게 한다.

어깨 펴라고 해서 오해하는 사람들도 있다. 혹시 거만한 자세를 말하는 건 아닐까 한다.

'나 잘 났어.' 하는 느낌의 가슴 바짝 내민 자세가 아니다. 옆에서 보았을 때, 귀, 어깨, 엉덩이, 무릎, 발목을 지나는 무게중심선이 일직선이 되면 올바른 자세다. 그 이유는 골반이 기울어지지 않고 압력을 받기 쉬운 요추 4·5번을 보호하여 허리에 무리를 주지 않기 때문이다. 먼저 어깨에 힘을 빼고 척추를 쭉 편다. 턱은 안으로 살짝 당기고, 아랫배는 집어넣으며 양쪽 엉덩이는 당겨 올리듯이 근육을 모아준다. 허벅지 사이에 책 한 권 끼웠다는 생각으로 다리 안쪽에 힘을 주고, 엄지발가락과 검지 발가락에 힘을 주고 발은 땅에 밀착시키는 자세가 올바르게 서 있는 자세다. 이 상태에서 경직성을 주면 군인 자세같이 보일 것이고 자연스러움을 주면 바른 자세가 된다.

당신이 생각하는 닮고 싶은 올바른 자세를 떠올려 보자.

지금 당신의 자세는 어떠한가?
거울을 한번 들여다보자.

자세는 어떤 교정술로도 쉽게 고쳐지지 않는다. 그렇다면 마음의 자세를 바꾼다면 돈 들이지 않고 몸 자세도 바꿀 수 있지 않을까. 기쁜 사람은 절대로 몸을 움츠리지 않는다.

아직 많은 변화를 못 보여드렸지만 천천히 보여드리겠습니다. 항상 강의실에서 저를 불끈 자극해주시는 교수님!! 교수님의 열정적인 강의가 수포(?)로 돌아가지 않게 정말 열심히 듣고 저의 변화를 보여드릴게용~~기둘려주세요^^

-이*정

저는 발표할 때 너무 떨려서 말투도 책 읽는 것처럼 어색해지고 떨어서 첫 발표 때도 지적을 많이 받았었는데 ㅠㅠ 최근 발표 때는 얼마나 향상되었는지 느껴질 정도로 제 자신이 많이 발전한 것 같아요~ 다 수업 덕분이고, 교수님 덕분입니다.

-찬미

*

인사는 가장 빠른 '자기소개서'다

인사는 많이 해도 모자람이 없다. 어릴 적부터 수없이 듣는 말이다. 알면서도 실천하지 못하는 것 중의 하나다. 그러는 데는 여러 이유가 있다. '인사를 한다고 해서 뭐가 크게 달라지나?' 라는 의심부터, '상대방이 바쁜 것 같은데 인사해서 괜히 방해하는 거 아냐? 내심기도 불편한데 무슨 인사야', '가식적인 것 같아' 까지 정말 다양한 감정들로 인해서 실천하지 못한다. 간혹 '사소한 인사로 오해받았다'는 표현을 쓰기도 한다.

그런데 인사는 절대 사소한 게 아니라는 것을 점점 깨닫게 된다.

가수가 무대에 올랐을 때 신인인지 스타급인지를 가늠할 수 있는 것도 첫인사의 반응이다.

수없이 많은 음악회나 행사를 하면서 목격되는 장면이다.

반겨주는 인사로 인해서 스타급 가수는 희열을 느끼며 더 멋진 무대를 만들어준다. 반면 신인을 맞이하는 인사가 냉담했다면 그보다 더 처량할 수 없다.

그 냉담한 반응은 사람을 한없이 위축시킨다. 안 그래도 신인이라 긴장되고 실력도 부족한 것 같은데 첫인사의 반응에 더 움찔할 수밖에 없다. 그만큼 인사는 많은 뜻을 내포하면서 굳이 길게 말하지 않아도 감정을 쉽게 건드리는 아주 큰 행위다.

관심의 첫 번째 행위 중 하나가 인사로 표현 된다. 그런데 그 인사를 생략해버리거나 소홀하게 하는 이들이 많다. 인사를 아낀 만큼 가려던 시선도 아끼게 만든다. 우리는 살면서 상대방이 가식으로 인사하는지, 진심으로 하는지를 감각적으로 인지할 수 있다.

🖉 인사로 알게 되는 것들

직업 특성상 십여 년을 지내면서 더욱 인사의 효과가 얼마나 큰지 느끼며 살고 있다.

회사에 어린 후배들이 들어오면서 그 광경을 더 가까이에서 볼 수 있게 됐다.

인사성이 꼭 화두에 오르곤 한다. 그런데 정작 당사자는 잘 모르는 경우가 많다.

인사를 하고 안 하는 데는 다 이유가 있기 때문이다. 그래서 신입을 불러서 인사 이야기를 꺼내면 마치 처음 듣는 것처럼 깜짝 놀란다. 자신은 한다고 했는데 사람들이 그런 시선으로 보고 있다는 점에 놀라는 것이다. 그 순간 인사에는 이유를 달지 않는 게 최선이라는 생각이 스쳤다.

후배에게 "그냥 핑계나 이유 대지 말고 누구에게나 진심으로 인사하며 다녀봐라. 그럼 이런 말은 다시 나오지 않는다. 돈 들어가는 일도 아니잖니. 그리고 함께 일하는 동료들일 텐데 언제 어떤 도움을 받게 될지 모른다. 그들과 일일이 시간 내서 대화 못 하지 않느냐. 그렇기 때문에 인사는 많은 것을 말하지 않고서 너를 어필할 수 있게 된다."

그렇다. 짧은 인사만으로도 그 사람을 대략 가늠할 수 있다. 상대방이 내게 어떤 마음을 가졌는지도 순간의 인사로 느낀다. 특히, 여성들은 그런 감각엔 놀라울 정도로 발달되어 있어서 빨리 알아차린다. '내 뒤에서 저들이 무언가 수군댔구나. 그래서 오늘 내게 하는 인사의 뉘앙스가 좋지 않아. 대체 이 기분은 뭐지?'

그래서 주변의 사람들을 동원해서 캐내려고 한다. 그런 기분을 들게 한 사람의 신상에 대해서 낱낱이 의심 어린 마음으로 묻는다. 그러면서 또 느낀다. '아! 그래서 그랬구나. 역시 내 의심이 빗나가지

않았어. 그 사람의 눈빛이 흔들리면서 건넨 인사가 바로 그 이유였어.'

때로는 나뿐만 아니라 다른 사람에게도 불량한 인사를 하고 있다는 것을 알게 되기도 한다. 그럼 "그 친구 안 되겠구먼. 인사성이 그렇게 없어서 어디 회사생활 잘하겠어?" 이런 식으로 여론이 모아진다. 이런 경우 도와줘야 할 일이 있을 때도 저절로 회피하게 된다. 이렇게 인사로 비롯된 여러 생각이 가끔 혼란스럽게도 하고 여러 가지 추측을 낳기도 한다.

반면, 담백하면서도 경쾌한 인사를 받았을 땐 상황이 달라진다. 더 이상의 오해를 하지 않게 된다. 오히려 밝은 모습으로 만나게 되는 상대를 보고 나면 기분이 좋아진다. 자꾸 만나고 싶은 느낌을 준다. 혹은 도와야 할 일이 있다면 기꺼이 도와주는 게 사람 마음이다.

🖇 인사로 얻게 되는 것들

아파트 일 층엔 여러 가구의 우편함이 있다. 출근 할 때 우편함에 우편물을 넣는 아저씨를 보고 방긋 웃으며 인사를 건넨 적이 있다. "안녕하세요." 아마 이렇게 인사하는 입주민이 흔치는 않았을 것이다. 그냥 스쳐 지나가는 한사람 정도로만 생각했을 것이다. 아저씨는 나를 등지고 있다가 놀래서 쳐다보시며 환하게 인사를 받아줬다.

속으로 "인사하기 잘했구나." 싶었다. 주차장에서 차를 빼려고 보니 큰 차가 내 앞을 떡하니 가로막고 있는 게 아닌가. 있는 힘껏 밀어봤다. 웬만한 중소형 차들은 중립으로 해놨을 때 밀리는데 이 차는 미동도 없었다. 그렇게 끙끙대고 있던 찰나에 오토바이 소리가 들리더니 내 옆에서 멈췄다. 조금 전 인사를 나누던 아저씨였다.

"제가 도와드릴까요?"

"아 정말요? 고맙습니다."

내 힘으로 부족했던 그 차가 아저씨와 함께했더니 쉽게 밀렸다.

분명 오토바이를 탔기 때문에 그냥 지나쳐도 됐을 터인데 기꺼이 도와준 건 아마 서로 나눈 친근한 인사 덕분이 아니었을까 하는 생각이 들었다. 다시 한 번 '인사하기 참 잘했구나!' 싶었다.

인사하는 데에도 태도가 있다. 자신은 했다고 하는데 받는 사람을 기분 나쁘게 하는 인사들이 많다. 그게 바로 진심이 담기지 않은 인사다. 눈, 몸, 소리로 표현해주어야 한다.

어떤 후배는 고개만 까딱하면서 눈은 상대의 몸을 훑어본다. 이런 인사를 받으면 기분이 썩 좋지 않다.

'왜 나를 스캔하지? 내 옷이 이상한가? 뭐지.'

절대 훑어보는 걸 들키지 말자. 보더라도 담백하게 보고 그 부위를 본 이유에 관해서 이야기를 건네면 좋겠다. "오늘 노란색 옷이 예뻐서 자꾸 보게 되네요." 이런 표현을 꼭 해주는 거다. 그럼 상대방이 그 눈빛에 대한 오해나 경계를 풀게 된다.

또 다른 경우는 대체 인사를 하는 건지 안 하는 건지 모를 '공중부양 인사'를 하는 사람도 많다. 이런 사람의 대부분은 자신이 인사했다고 생각한다. 그런데 정작 받는 사람은 무시하고 지나갔다고 생각한다. 그러니 오해가 쌓일 수밖에 없다. 그런 식으로 인사하는 회사 동생이 있었다. 인사를 한 건지 안 한 건지 헷갈리게 한다. 처음에 그녀는 오해도 많이 받았다. 본인은 억울하다는 입장이다. "친한 나로서는 너를 이해하지만 모르는 사람들은 당연히 그렇게 생각한다. 옆에 있던 나도 네가 인사했는지 안 했는지 모를 정도였으니."

반면에 다른 동생은 허리를 굽히거나 밝은 목소리로 아주 경쾌하고 진심 어리게 인사를 건넨다. 확실히 인사했음을 인식시켜준다. '인사는 바로 이런 것이다'를 보여준다. 그러다 보니 그 동생에 관한 첫인상은 안 좋은 이야기들이 나올 리 없다.

✎ 삶 속에서 인사만 잘 표현해도 서서히 변화가 시작된다

어린 시절 시골은 촌락으로 이루어져서 한집 건너면 그 집에 숟가락, 젓가락이 몇 개인지도 아는 사이들이 대부분이었다. 그런 분위기이기에 동네를 뛰어다니다가도 누군가가 보이기만 하면 멈춰서 인사를 하곤 했다. 그런 오랜 습관이 몸이 익어서인지 처음 도시를 접했을 땐 매우 당황했던 기억이 난다. 길가는 사람에게 나도 모르게 인사를 하고 있었다. 그런데 그들은 나를 알 리가 없다. 지나간 이들을 보니 나만 그렇게 하고 있는 것이다. 순간 '여긴 시골이 아니라 도시지.' 했다. 그래서 자꾸 고개가 움직이려는 것을 얼마나 자제했는지 모른다. 그 당시엔 서로 모른 척하며 지나가는 이들이 서운하고 어색했다. 나의 어릴 적 인사에 대한 기억이 그러했다.

지금 생각해보면 시골 인사가 내 삶에 큰 영향을 미친 것 같다.

방송 특성상 하루에 프로그램 서너 개를 해도 그때마다 스텝들에게 똑같이 "수고했습니다" 혹은 "애쓰셨습니다"를 일일이 표현한다. 일반 회사라면 출퇴근에 한 번씩 했을법한 말을 방송국에선 수시로 해야 할 때가 참 많다. 처음 한번 했으면 됐지 또 인사를 하나 싶기도 하겠지만 그런 공간이 아니다. 그래서 간혹 처음엔 씩씩하게 하다가 점점 얼버무리며 넘기려는 사람들도 있다. 그럴수록 정확하게 인사해준다면 분명 달리 보일 것이다.

기억에 남는 아나운서 후배가 있다. 처음 들어올 때부터 얼마나 인사를 깍듯하고 예쁘게 하던지 나도 따라 하고 싶을 정도였다. 눈빛도, 자세도 진심을 담아서 인사했다. 그 모습이 잊히지가 않는다. 늘 겸손한 모습을 보이는데 인사부터가 달랐던 것이다. 그녀의 기분 좋은 인사는 나뿐만 아니라 주변 동료들 대부분도 그렇게 느끼고 있었다. '사람 보는 눈은 비슷하더라'는 말이 나오는 걸 실감했다. 비록 함께한 시간이 짧았지만, 그녀가 남긴 잔상은 생각할수록 기분이 좋다.

나도, 당신도 누군가에게 그렇게 기분 좋은 잔상으로 남았으면 한다.

길거리에서 만나는 모든 사람까지 보고 인사하라는 뜻은 아니다. 그리고 뭔가 큰 사건 사고로 얽힌 사람에게마저 그러라는 것도 아니다. 삶 속에서 인사만 잘 표현해도 서서히 변화가 시작된다. '사소한 인사라도 잘하자'라는 말은 잊자! 사소하다면 쉽게 실천할 수 있었어야 한다. 사소해서 더 소홀히 여기는 게 인사다. 절대 인사는 사소한 것이 아님을 명심하자. 시선은 관심의 표현일 때가 많다. 나에게 사람들이 관심 주지 않는다고 불평하고 있는가? 시선을 받고자 한다면 인사를 아끼지 말자. 인사는 자기 자신을 어필하는 무기가 된다.

남들은 생각보다
당신을 신경 쓰지 않는다

메이크업은 결점을 가리고 드러나지 않게끔 온종일 신경 써야 한다.

옷도 마찬가지다. 스키니 팬츠를 입었을 때 다리는 맞는데 불편한 뱃살은 어쩔 수 없을 땐 숨을 참아 감춘다. 그래서 화장실 가서 심호흡 크게 하고 와야 하는 불편함이 따른다. 집에 들어가 배에 둥그렇게 자국 남은 것을 보면 참 기분 묘하다.

겉으로 보이는 것만 그런 건 아니다.

내적 결함을 들키고 싶지 않아서 숨기려 할 때 나타나는 증상은 참으로 오래간다.

메이크업과 의상은 하루만 참으면 되는데 내적 결함은 아주 오래 따라다니며 힘들게 한다.

숨기려 할 때 더 불편해지는 것들이 있다.

나는 누군가와 친해졌다고 생각하면 가족사를 서슴없이 털어놓는
다. 하지만 조금 친해졌다 싶어도 가족 이야기를 좀체 하지 않는 사
람이 있다.
뭔가 혼자만 이야기하는 것 같고, 대화에 깊이감이 없다고 느낀다.
그리고 서서히 '저 사람은 숨기려는 게 있구나, 그걸 내겐 말하지
않는구나.' 로 생각한다.
그래서 자연스럽게 딱 그만큼 대하게 되고, 불편한 사이가 되기도
한다.
어쩌면 가족사를 말하지 않는 사람은 나름대로 숨기고 싶은 이유
가 있을 것이다. 그게 자신의 결함이라고 여겼을 것이다.

🖉 침묵이 모든 것을 해결해 주지는 않는다

실제 친구들 사이에서 그런 일이 있었다. 성격이 굉장히 활발한 듯
싶은데 그 친구 옆엔 진정한 친구가 없어 보였다. 그 친구를 가만히
봤더니 뭔가 투명하지 않아 보였다. 친구들과 친해지고 싶어서 맛있
는 것도 사주고 선물 공세도 하지만 그리 깊은 사이가 되지는 않았다.
오히려 무성한 소문들만 있었다.
"가족이 콩가루 집안이다. 그녀의 엄마가 두 번째 부인이다. 집안

이 어마어마하게 잘 살았는데 폭삭 망했다. 오빠는 집 나간 지 오래다." 등등의 말들이 무성했다.

이런 소문을 종식하려면 그 친구의 해명이 필요한데 가족 이야기만 나오면 함구했다. 그러니 소문은 점점 사실이 되는 것 같았다.

꼭 가족사뿐만 아니라 주말에 뭘 했다거나 수업 끝나고 뭘 했다거나 이런 말들도 잘 하지 않았다. 그게 사실이든 아니든 사람들은 크게 관심이 없다. 그냥 그 친구가 뭔가 숨기려 하는 것이 불편할 뿐이다. 불편해서 왜 그럴까를 생각하게 하고 그런 과정이 더 소문을 만들어내기도 하는 것 같다. 그 친구는 분명 숨기고 싶은 뭔가가 있었기 때문에 말하지 않았을 것이다.

사람은 누구나 뭔가 결함이 있는 것을 숨기고 싶어한다. 하지만 애써 숨기려 하면 본인뿐만 아니라 주변도 불편해진다.

🖇 숨기면 자신만 괴롭다

난 학창시절 점심시간이 너무 싫었다. 도시락 뚜껑 여는 시간이 오지 말았으면 할 때도 있었다. 뚜껑 열 때 나는 깍두기, 깻잎 반찬 냄새가 싫었다.

다른 친구들은 예쁜 도시락에 감자 볶음, 어묵과 적당히 섞인 햄 볶음이 나오는데 난 늘 '저 푸른 초원' 반찬 퍼레이드다. 언니 오빠가 쓰던 찌그러진 도시락통을 물려 썼기에 더 창피했다.

여름이면 냄새나는 내 반찬이 한없이 부끄러웠고, 겨울이면 보온 기능이 떨어지는 나의 보온 도시락이 부끄러웠다.

1남 4녀를 키워야 하기에 누구의 도시락을 신경 쓸 겨를도 없었을 것이다. 거기에 자매들끼리 일찍부터 자취생활을 했기 때문에 더욱 더 엄마는 오래가는 음식만을 보내왔다. 김치류, 콩자반 등등. 이런 반찬을 엄마도 아닌 언니들이 도시락을 싸줬다.

언니들도 늦잠 자고 싶었을 텐데 동생 도시락 챙기느라 얼마나 힘들었을까 싶지만, 그땐 그런 생각보다 원망이 더 컸다. 나도 번듯한 도시락통을 당당히 열고 싶었다. 하지만 요리된 반찬들은 찾아볼 수가 없었다.

왠지 그 도시락이 우리 집 형편을 다 말해주는 것 같아서 정말 어디론가 숨고 싶었다.

그런데 이상하게도 위축된 내 모습은 들키고 싶지 않았다.

오히려 당당한 척했다. 하지만 마음속에선 '행여 오늘 내 반찬이 이상해서 나랑 먹기 싫어하는 친구가 있으면 어쩌지.' 하고 전전긍긍했다.

점심시간이면 내 감정을 숨기고 쾌활한 척했지만, 실제는 그 시간이 빨리 지나가길 바랐다. 훗날 동창모임에서 도시락 이야기를 했더니 "너 그랬었니? 그랬는지 잘 기억이 안 나는데."라는 말을 들었다. 그들은 그것에 전혀 신경 쓰지 않고 있었다. 지나고 보니 내 자신이 가장 불편해했던 것 같다. 형편이 어려운 것을 숨기고 싶고, 다른 것으로 포장하려 했다. 그래서 내 기억 속 도시락은 아픔이었다. 마트에서 도시락통을 보면 괜한 욕심이 생긴다. 싸들고 다닐 것도 아닌데 혹시 그런 날을 대비해서 사두고 싶은 생각이 마구 샘솟는다.

저마다 숨기고 싶은 무엇인가가 하나씩은 있을 것이다. 시간이 흐른 뒤 생각해보니 주변 사람을 의식했기 때문에 생긴 일들이 태반인 것 같다. 오히려 주변 사람들은 내게 집중하며 살지 않는다. 남들은 생각보다 당신을 신경 쓰지 않는 것이다. 결국은 내가 나를 가장 불편하게 만든다.

가끔은 숨기려 했던 무언가를 살짝 내려놓으면 어떨까. 훨씬 편해질 것이다. 괜한 걱정이었다는 것도 느끼게 될 것이다. 더불어 자연스레 주변 사람들의 시선도 편해져서 친교도 더 깊어질 것이다.

수업 자체도 정말 많은 도움을 받았지만, 전 개인적으로 들었던 조언이 정말 감사했었습니다. 자신의 얘기를 한 번 터놓으니까 처음이 어렵지 그다음부터는 조금이나마 쉽더라고요. 아직 어렵긴 하지만……. 가족에서 느끼는 무거운 짐을 조금 내려놓게 되었고 항상 암울함을 이어가지 않도록 노력할게요.^^

개인적으로 대화를 나누어 보게 된 그 상황을 정말 행운이고 감사할 일이라고 생각해요.

-차가워 보였던 은실 올림

*

누구나 상처 하나씩은 다 있다

"살아온 인생을 CD에 담는다고 생각해봐라" 라는 주제를 수업 앞머리에서 던진 적이 있었다.

'거기에 뭘 담지?' 하는 조금 황당한 표정들이었다.

어떻게 구성을 할 것이며, 어떤 이야기를 담을 것인지 여러 생각이 스쳐 지나갔을 것이다.

한 학생이 그런다. "저는요, 뭐 특별한 게 없어요." 특별해서 인생을 CD에 담아 보라고 한 건 아니었다. 그런데 대부분의 사람은 이 학생처럼 성공한 사람들만 풀어 놓을 이야기가 있다고 착각한다.

분명 태어나서 아무 스토리 없이 뚝딱 성인이 되진 않았을 것이다. 무난하게 산 듯하면서 그 안에는 들추고 싶지 않은 가족사도 있을 테고, 친구와의 우정, 연인과의 사랑도 있다. 웃고, 울고, 혹은 그저 그런 날들이 분명 있었을 것이다. 지금껏 살아온 삶을 CD로 어떤 형식을 취하든 제작한다는 것은 처음엔 갈피를 잡지 못하고 당황스러운 일일 것이다. 물론 그 당혹감에 기억들이 쉽사리 정리되지 못해서일 수도 있다. 하지만 무엇보다도 누군가에게 '보인다' 는 것이 가장 크게 작용할 것이다. 본보기가 될 만한 모습, 기뻐하는 모습들만 담으려는 마음이 앞선다. 보여주고 싶지 않은 것들이 많아서 막상 뭘 넣어야 할지 고민하게도 만든다.

또 다른 학생이 그런다. "담을게 별로 없어요."

20여년을 살아 왔어도 담을게 없다고 말한다. 아마도 부끄러운 과거들을 빼고 나니 담을게 마땅치 않나 보다. 잘한 일들만 넣으려고 했기 때문이다.

"어떤 종류여도 좋다. 마치 하나의 공 CD 안에 인생을 담는다는 생각으로 자신의 이야기를 구성해 보자."고 했다. 주저주저하는 모습들이 역력했다.

사실은 이들이 살아 온 과거에 남겨진 상처를 부끄러워하지 않도록 돕고 싶어서 제안한 일이었다. 마음속 상처를 치유해야 용기를 낼 수 있는 부분이 많아지기 때문이다.

'왜 저렇게 주저할까?' 라는 것에서 출발했다.

🖋 치유의 시작은 드러냄으로 시작한다

우리는 태어나는 동시에 아주 깨끗한 공 CD를 받게 된다. 하지만 살면서 수없이 여기저기 흠집이 난다. 그 CD를 듣게 되면 긁힌 부분에서 '찌지직' 하거나 버퍼링이 생기고 만다. 듣기에 거슬린다. 긁힌 지점을 지나면 아무렇지도 않은 듯 다시 노래가 이어진다. 여러 군데 흠집이 날수록 그 정도는 심하다. 정말 신기하게 여러 번 들어봐도 꼭 그 지점에 가면 그런 반응이다. 흐름이 자연스러우면 얼마나 좋겠는가. 하지만 삶은 그리 녹록지 않다. 원하는 대로 그렇게 잘 흐르지 않는다.

상처들도 아주 다양하다. 집안에서 가족들과 있었던 상처들, 학교에서 일어났던 상처들, 애인과 있었던 상처들이 주를 이룰 것이다. 아무 문제 없을 것 같은 사람들도 들춰보면 이런 상처 하나씩은 안고 살아간다.

자신이 경험한 상처가 가장 큰 것이라고 여기며 산다. 그래서 이런 말을 주로 한다. "네가 한번 나처럼 살아봐. 그런 말 안 나올걸."

다른 사람의 성공은 자신이 가진 상처가 없기 때문에 가능했다고 생각해버린다. 자신이 행복하지 못하고 일이 잘 풀리지 않는 것도 상처투성이들 때문이라고 간주한다.

그래서 이런 상처를 밖으로 내보이기 싫어한다. 그것을 보이면 자신이 무시 받을 거라는 생각이 깊이 자리하고 있다.

나 또한 학창 시절 산골 마을 소녀라는 게 참으로 싫고 감추고 싶었다. 굳이 들춰서까지 먼저 말을 꺼내고 싶지 않았다. 촌티나지 않으려 애쓰는 내 모습이 있었다. 행여 그런 비슷한 말이라도 나오면 움찔했다. 앞서 얘기한 점심시간 도시락도 마찬가지다. 반찬 통 뚜껑조차 열기 싫었던 시절이 있었다. 창피해하는 마음조차도 들키고 싶지 않았다.

늘 잘 지내는 것처럼 보이다가도 이와 관련된 부분이 언급되면 어느새 마음속 버퍼링이 걸렸다. 그래서 그 부분에서 피하거나 얼렁뚱땅 넘기고 싶어 했다.

그런데 용기 내서 나의 이야기들을 꺼내보니 이건 별게 아니었던 거다. 내겐 이런 문제가 있지만, 다른 사람에겐 또 다른 문제들이 상처로 자리하고 있었다. 이것을 조금만 더 빨리 깨달았더라면 훨씬 마음이 평온했을 텐데 다행히 지금이라도 알게 돼서 얼마나 다행인지 모른다.

그리고 학생들도 이런 마음을 알게 해주고 싶었다.

과거 인생을 온전히 담아보라고 했다가, 그다음엔 정비된 자신의 마음이 본 인생을 담으라고 했다. 그 과제를 거친 후에 학생들의 눈빛이 살짝 평화로워 보였다. 모든 것이 완벽할 것만 같은 친구의 상처를 들으면서 아마 많은 생각을 했던 모양이다.

긁힌 CD는 완전히 복구하지 못한다. 그 CD를 틀게 된다면 똑같은 부분에서 여전히 불편한 음질을 듣게 된다. 들으면서 그 부분이 빨리 지나가길 바라게 된다. 혹은 다시는 꺼내고 싶지 않은 CD가 된다.

삶으로 보면 누군가에겐 부모의 이혼이, 가난한 집안이, 학벌이, 외모 콤플렉스가 불편한 음질과 같을 것이다. 혹여 자신이 생각하는 이런 부분들이 화제가 됐을 때, 반사적으로 과민 반응을 보이기도 한다. 이것이 바로 마음속 버퍼링이다. 이것이 주변 사람에겐 불편한 음질의 느낌마저 든다. 지난 과거를 원하는 형태로 복구하기란 쉽지 않은 일이다. 하지만 마음만큼은 얼마든지 복구할 수 있다. '과거의 사실'을 지울 수는 없지만, 그 과거를 바라보는 나의 마음은 바꿀 수 있다.

"나만 상처가 있는 게 아니라 누구에게나 상처는 있다" 단지 사람들은 그 상처를 드러내지 않을 뿐이다.
다른 사람의 상처를 보려면 내 안의 상처를 살짝 드러내야 하는 게 먼저인 것 같다. 그렇게 했을 때 비로소 상대방의 깊은 마음을 들을 수 있게 된다.

내겐 아무 일도 일어나지 않은 척하며 살아간다. 그래서 할 이야기도 없다고 한다.

흉터를 모두에게 보여주면 다음에는 가리지 않아도 된다

그런데 곪힌 부분을 하나둘 꺼내기 시작하면서 오히려 편해질 수 있음을 스피치 청강생들을 통해서 다시 한 번 느낄 수 있었다.

'상처를 밖으로 꺼내면서 공유하는 과정이 중요했었구나.'를 깨달았다. 이런 과정을 거친다면 예전보다 당당해진 당신을 보게 될 것이다. 생각만큼 수치스럽지 않다. 당신이 우려했던 것처럼 세상 사람들이 손가락질하지 않는다.

프로이트는 마음속 상처를 치유하지 않고 방치하거나 억압하면 반드시 어떠한 형태로든 분출된다고 하였다.

"나도 우리 집에 곪힌 CD 있다. 너희 집에도 있니?" 이렇게 물어보는 거다. 분명 있을 것이다. 조금씩 상황은 다르겠지만, 막상 이야기를 하고 인정한다면 앞으로 상처받을 일은 줄 것이다. 또한, 과거를 바라보는 시각도 분명히 바뀔 날이 온다.

지난 과거의 상처를 복구하긴 힘들지만, 마음만큼은 충분히 복구할 수 있다. 살아온 지난날이 달리 보이게 될 것이다. 그리고 상처였다고 생각했던 그 어떤 부분이 어느 순간에는 미래를 향하는 재산이었다는 시선으로 바뀌어 있을 것이다.

나의 과거가 지금 그렇게 비춰지고 생각되는 것처럼 말이다.
당신의 과거가 더는 불편한 버퍼링이 되지 않길 바란다.

그 당신에게도 렇히 CD가 있슈니까?

만나서 인생에 대해서 얘기 나누다보면 언니만의 여유를 느낄 수 있다. 많은 사람들이 더 좋은 바깥쪽 모습을 가꾸기 위해 정신없이 바쁘게 사는데, 언니는 그들과 다르다. 사람의 속을 볼 줄 아는 사람이 흔치 않은데 운 좋게 인생의 길에서 만나게 되었다.

같이 있는 시간들이 많지 않았지만 좋은 사람인지 나쁜 사람인지 오랫동안 지켜보지 않아도 알아볼 수 있듯이, 언니가 좋은 사람인 것을 알게 되었다.

얘기를 나누고 생각 나누고 마음을 나눌 때 '대화'를 할 수 있는 사람 그리고 '이해'와 '배려'를 소중히 여기는 그런 사람인 것을 알게 되었다.

언니가 가장 좋아하는 일은 강의 하면서 사람들과 소통하는 일인데, 앞으로 기대 해도 좋을 것 같아.

아비가일 알데레떼

－방송인
－이화여대 국문학과 4학년

당신의 마음은 안녕하십니까?

차창에 낀 희뿌연 성에를 보고, 그곳에 그림 한 번쯤 그려봤을 것이다.

어느 날 아이가 그렇게 그린 그림이 재밌었는지 성에가 없는데도 자꾸 유리창에 토끼를 그려달라고 한다. 성화에 못 이겨 입김을 호호 불어서 그려줬다.

그런데 어느 순간 입김을 불어도 전혀 그 흔한 성에가 전혀 나타나질 않아서 아이를 실망시키고 말았다.

성에를 보고 문득 이런 생각이 들었다. 차창 밖과 안의 온도가 다를 때 나타나는 현상이 성에인데, 그 온도가 비슷해지는 순간엔 아무리 만들려고 해도 생기지 않는다는 것이다. 비록 아이가 실망스러워했지만, 성에가 없으니 밖이 깨끗하게 잘 보인다.

운전자에게는 이 희뿌연 성에가 장애가 된다. 온도 차가 적을 때는 그 정도가 미약해서 히터나 에어컨으로 제거하면서 운전할 수 있다. 하지만 심해지면 급기야 차를 멈춰야 한다. 앞과 옆, 뒤에 어떤 사물이 있는지 알 수 없기 때문이다.

바깥 온도와 실내 온도의 차는 이런 희뿌연 성에를 만들어 낸다. 그리고 이게 바깥의 사물을 판단하지 못하게 차단해 버리는 벽이 되기도 한다.

간혹 우리 마음의 온도도 이렇게 장난을 친다. 내 안의 온도와 바깥 온도가 차이가 나는 순간이 온다. 그런데 이 차이를 인식하지 못할 때가 많다. 희뿌연 벽으로 인해서 내 안의 온도밖에 감지가 안 되는 것이다. 온통 자기 생각들로 갇혀 있어서 다른 사람들의 생각을 받아들일 수 없게 된다. 그러면 자신도 모르게 점점 외부로부터 고립되고 만다. 마침내 생각도 멈춰서 그런 아집마저도 옳은 것이 아니겠느냐고 착각하게 된다.

🖉 어설프게 가리면 더 눈길이 가기 마련이다

10년 전 유행하던 메이크업 스타일이 자신과 맞는다고 고집하는 사람도 있다. 헤어스타일도 마찬가지고 쇼핑을 하는 그 옛날 자기 방식에 머물러서 주변의 어떤 조언도 듣지 않으려 하는 사람이 있다. 그러면 분명 현재 흐름을 추구하는 이들의 의견과 충돌하게 된다. 하지만 받아들이려 하지 않는다. 그게 정답이고 맞는다고 여긴다.

아는 언니를 오랜만에 만났는데 딱 그랬다. 그 옛날에 정말 예뻐서 몹시 부러워했던 언니였다. 그런데 웬걸, 외모만 봐도 성격이 드러날 정도로 현재의 것을 받아들이지 않은 얼굴이었다.

물론 어떤 분야에서는 전통을 중요시해야 할 때도 있다. 하지만 패션이나 스타일은 또 다르기에 하는 말이다. 특히 내가 이 분야에 관심 있어서 외적인 것이 먼저 눈에 들어온 것일 지도 모른다.

진한 베이스 메이크업에, 얇은 눈썹, 진한 볼 터치, 옷 스타일 등이 언니 얼굴을 더 예뻐 보이지 않게 했다. 10년 전에 머물러 있는 듯한 느낌이었다.

이야기를 나누다 보니 내가 생각한 대로 세상과 단절된 삶을 살아왔던 모양이다.

마음이 많이 닫혀 있었다. 그간의 주변 친구들로 인한 상처며, 자식을 키우며 또래 학부모들과의 충돌 등으로 더는 소통하고 싶지 않았다고 한다.

그런 사건들이 어느새 그 언니 마음을 꽁꽁 얼어붙게 만들었다. 녹여 줄 만한 무언가를 애써 찾으려고도 하지 않는 것 같았다.

물론 처음에는 벗어나려는 노력도 해봤을 것이다. 그런데 잘 안 된다 싶으니 아예 마음의 빗장을 닫아버리는 것을 선택한 모양이다.

그리고 차에 성에가 서서히 끼듯 언니의 마음도 서서히 세상과 벽이 생기기 시작했다.

성에를 없애려면 히터도 켜보고 에어컨도 켜봐야 하는데 그것마저도 포기한 듯싶었다. 그래서 더 주변의 온도 차가 심해지니 이젠 '꽝' 하고 얼어버리고 말았다. 얼면 자칫 잘 못 건드렸을 때 깨질 수도 있다. 이야기를 듣고 있자니 안타까웠다. 이젠 오로지 언니의 생각이 맞는 것이라는 생각으로 세상을 바라보고 있었다. 간혹 주변의 좋은 게 있으면 받아들일 법도 한데 그게 이젠 쉽지 않아 보였다. 받아들이는 방법의 길을 잃은 것처럼 보였다. 그 우울함이 온 얼굴로 표출되고 있었다. 그러니 주변 사람들도 쉽게 눈치채서, 더 이상의 충고나 조언도 하지 않게 된다. 그렇게 세상으로부터 마음이 고립되어 간다.

살면서 누구에게든 사건, 사고는 있다. 이것을 어떻게 유연하게 받아들이느냐가 참으로 중요하다. 이 유연함을 지속시킨다는 것도 쉬운 일은 아니다.

유연하게 한다는 것은 아마도 자신의 마음 온도를 적절히 세상의 온도와 차이 나지 않게 유지해 놓는 게 아닐까 싶다.

희뿌옇게 끼지 않도록 유지한다면 주변 사람의 말도 들리고 행동도 보이게 될 것이다. 듣고 보면서 적절히 내 것으로 만드는 것도 세상을 유연하게 사는 방법이다.

보고 듣지 않으면 판단할 수 없는 세상이다. 혼자 갈 수 있는 세상도 아니지 않은가. 늘 내 마음의 온도를 관리해야 한다. 사는 게 바쁘다 보면 이런 마음을 관리하는 게 매우 소모적이고 쓸데없다고 치부한다. 그래서 별일 아니라고 방치해버린다. 누군가의 조언도 무시하고, 좋은 것을 좋게 보지도 못하는 순간들이 온다. 가족이나 친구의 말들이 모두 가시처럼 들려서 가시 같은 말들로 맞받아치는 경우를 스스로 초래한다. 오로지 '내 말이 맞고, 내 생각이 맞는다고 고집할 때' 조심해야 한다. 여기서 중요한 것이 자신의 생각이 맞을 수도 있지만, 논리가 결여된 '우기기'가 된다면 주의해야한다.

자신 안에 낀 성에로 가까이 있는 사람에게까지 의도치 않게 상처를 주기도 한다.

그렇다면 어떻게 마음의 성에를 끼지 않게 관리할 수 있을까?

성에가 잔뜩 껴서 운전하기 힘들어지는 상황을 만들지 않게 하는 것처럼 마음도 자주 관리해줘야 한다.

스스로의 의지가 약하다면 자신보다 더 의지가 강하고 옳은 길을 가는 사람을 의도적으로 옆에 두길 바란다. 그래서 자꾸 약해지려 할 때면 나의 의지가 아닐지라도 일으켜 세우게 하는 것이다. 서점에 가서 현재 마음 상태를 올릴 책들을 의도적으로 찾아 읽어 보는 것도 추천한다. 그럼 분명 세상이 달리 보이는 순간이 있을 것이다. 요즘 양질의 강의들도 홍수를 이루고 있으니 그런 강의를 듣고 힘을 얻어 보자. 이런 방법들마저 취할 의지가 없다면 하루에 5분만 조용히 명상해 보는 것도 효과가 있다. 자신에게 맞는 것을 찾았다면 그 다음엔 꾸준히 실천해보자.

🖇 이 모든 게 꾸준히 하는 것이 중요하다.

오랜만에 만난 그 언니의 이야기를 듣고 한 번에 이 언니 맘을 열 수 없다고 생각했다. 아마 단번에 열고자 했다면 나에게마저도 벽을 치고 대했을 것이다. 지속적으로 심하게 언 성에를 녹이듯 조심스럽게 다가갔다. 하나둘 나의 조언을 들어주기 시작하면서 그 언니의 마음이 녹아갔다. 그러면서 마음의 온도가 맞춰지니 저절로 외모를 가꾸는 방법들도 받아들이기 시작했다. 내추럴 메이크업을 해서 예전의 그 미모를 되찾고 있었다. 자신의 변화가 시작되면서 주변을 보는 시선도 차츰 달라졌다. 예전에 미처 보지 못했던 것들을 보기 시작한 것이다.

지금 당신의 마음은 괜찮은가? 잘 들리고 보이는가?
눈에 보이지 않는 희뿌연 성에가 있다면 더 얼기 전에 지금 관리해 보자.

당신의
마음은
안녕하십니까?

비슷한 뜻이지만 쓰임은 전혀 다른
'이중성'과 '양면성'

"저 사람 이중적이야"라고 할 때와 "저 사람 양면성이 있어."할 때의 느낌은 확연히 다르다.

흔히 겉과 속이 전혀 다르다는 것이 드러나 안 좋다고 느낄 때 '이중적'이라고 말한다.

살면서 혹시 내가 누군가에게 이중적인 사람으로 보이진 않을까 고민해본 적 있을 것이다.

나도 가끔 그렇게 보이지 않을까 생각한 적이 있다.

여자들이 수다를 신 나게 떨다 보면 누군가의 '뒷담화'를 하게 된다. 그 담화 속엔 발설하지 않았으면 하는 말들이 많다. 그 자리에 있는 사람을 신뢰한다는 전제로 말하는 경우가 많다. 그런데 그 말을 옮기는 사람이 있다. 옮기면서 자신은 전혀 그렇지 않은 사람인 양 행동한다. 약삭빠르게 이쪽저쪽 오가며 전한다. 그런 말을 전하기 위해서 무리 안에서는 엄청난 신뢰를 쌓는다. 하지만 참으로 가볍고 쉽게 그 신뢰는 무너진다.

이런 경우가 몇 번 발각되면 그 사람을 '이중적'이라고 한다.

이중적이라고 판단이 서면 그다음부터 수다 속에 끼워주지 않으려 하는 게 여성들의 작은 문화다.

혹은 연예인들의 경우를 보면 청순한 이미지를 가진 탤런트가 마약을 했다거나 동거를 했다는 소식을 들으면 바로 이중적이라고 말한다. 상반된 나쁜 이미지 때문일 게다.

지적인 사람이 지적이기만 하면 금세 지루해질 것이다.

그런데 지적인 사람이 섹시하다거나 귀염성이 있는 느낌이라면 매력 있다고 한다.

이럴 때 우리는 보통 양면성이 있다고 한다. 이처럼 '양면성'은 고정된 하나의 이미지와 반대되는 다른 면이 드러나 두 성향이 공존한 상태에서 긍정적인 효과를 불러일으킬 때 주로 쓴다.

가수 이효리가 여자들에게도 인기 있는 이유는 섹시하면서 털털하기 때문이 아닐까 싶다.

탤런트 김태희가 예쁘기만 했다면 크게 매력이 없을 수도 있다. 왜냐하면 주변엔 예쁜 사람이 정말 많기 때문이다.

그런데 서울대 출신이라는 것이 플러스 효과를 낸다.

나와 처음 식사 약속을 하는 사람들이 의례 근사한 레스토랑만 갈 것 같아서 살짝 부담을 느끼곤 한다.

피자나 스파게티 커틀릿 종류를 먹을 것 같다는 이미지란다. 정작 난 전혀 그렇지 않은데.

이야기를 하다 보면 그게 아니라는 것을 알게 된다.

피자는 내 돈 주고 사 먹어 본 적이 없다. 피자보단 된장찌개가 좋다. 순댓국밥, 선짓국밥도 잘 먹는다. 이런 사소한 말들만 해도 놀란다. 시골출신이니 시골 입맛인 게 당연하다는 말까지 곁들인다.

정말 사소한 것이지만 보이는 이미지와 어울리지 않는 다른 이미지를 갖고 있을 때 오히려 사람들은 친근하게 느낀다.

노래방에서 왠지 노래책만 부여잡고 있을 것 같은 사람이 신 나게 놀 줄 알면 그 또한 색다른 매력이 있어 보인다.

이중성과 양면성은 서로 동의어에 가깝지만, 사람들에게 쓸 때 뉘앙스의 차이가 있다. 드러나는 다른 면이 피해를 주는 부정적 효과인지, 피해를 주지 않는 긍정적 효과인지에 따라 전자는 '이중성'으로 후자는 '양면성'으로 불린다. 살면서 이왕이면 피해를 주는 이중성보단 매력을 주는 양면성 있는 사람으로 인정받길 소망한다.

달 같은 그대의 에너지를 나누다

"책을 써보겠노라"고 말을 흘린 지가 언제였나.

그 바쁜 와중에 어떻게 일을 추진해왔을까.

무엇보다 놀라움으로 이 철의 여인을 보게 된다.

사람에 지쳐 도통 깊은 인연 만들기에 뜻이 없는 본인조차 벌써 13년을 방송동료로, 의자매로 서 있게 한 이 사람의 매력은 뭘까.

아나운서라는 화려한 타이틀과 그에 걸맞게 빛나는 미모.

그쯤으로 설명되기엔 박근아라는 이가 가진 재능과 에너지가 너무도 크다.

내게 박근아라는 이는 화끈한 '달'의 이미지로 기억된다.

지난 2000년 그녀가 입사를 축하받던 자리.

방송사 선배들 앞에서 너무도 태연하게, 그것도 후끈하게 〈달타령〉을 불러내던 모습이 꽤 오랜 시간 잊혀지지 않은 까닭이다.

돌아보면, 그녀는 늘 그랬다.

기왕 할 거면 제대로 즐기자는 무한 긍정 에너지로, 끊임없이 다음, 그다음 단계를 고민하는 부지런함으로 자리를 지켜나갔다.

더욱이 마치 완장이라도 찬양 제 몸속의 긍정 바이러스를 주변에 퍼트리는 일에도 열심이었다.

본인 역시 박근아란 사람의 질긴 유혹과 격려로 산후 우울증에 꺾였던 펜을 다시 들고 세상에 나왔으니, 정말 얄밉고도 감사할 따름이다.

지난봄, 막 싹을 틔워 낸 나뭇가지를 보며 매번 처음으로 돌아가 다시 시작할 수 있는 어린잎을 시샘한 적이 있다. 하지만 그녀와 함께 나눈 차 한 잔이 생각을 고쳐먹게 만들었던 기억이 있다.
나라고, 우리라고 매번 새롭게 시작하지 못할 게 뭐냐고.
마주할 때마다 그런 초 긍정 에너지를 심어주는 이 사람을 본인이 인생의 큰 재산으로 여기는 이유다.

이제 그녀는 자신의 긍정 바이러스를 더 많은 이들에게 나눠주기 위해 나섰다. 방송을 통해, 강연을 통해, 그리고 이 책을 통해 더 넓은 세상과 만나길 꿈꾼다 한다.
이 책이 박근아란 사람의 또 다른 도전을 알리는 상징적 의미로 추측되는 이유다.
이에 나 역시 숱한 날들 그녀에게 받아온 응원의 빚을 부족한 글로나마 사랑과 격려와 함께 돌려보낸다.
그녀가 자신 있게 세상과 만날 수 있었던 비법들을 분명히 이 책 속에서 발견할 수 있기를 기대해본다.

-방송작가 김세미

옆을 보는 여유, 그 대단함에 대하여

여러 남자 진행자와 방송하면서 알게 된 것이 있다.

혼자 돋보이기 위해 말하는 사람은 프로그램이 잘될 리 없다는 거다.

반면 여러 사람을 아우르며 가는 진행자의 프로그램은 잘 된다.

혼자도 아주 유창하게 말 잘하는 남자 진행자가 있다.

그는 오프닝 원고 때 혼자 돋보이려고 말을 하는 게 느껴진다. 예상하지 못한 말들을 꺼내서 순간 당황하게 한다. 혹여 당황하면 그 수습도 혼자 해버린다. 그러니 남들이 봤을 땐 그 남자 진행자가 잘하는 것처럼 보인다. 예상 못 한 말이 단순한 애드리브라면 이해하겠지만 그 정도의 수준이 아니다. 어느 정도 방송의 노하우가 있는 사람은 여유롭게 받아칠 수 있다. 그런데 신입일 경우엔 다르다. 아주 당혹스러울 것이다.

배려하며 함께 간다고 느끼게 하는 진행자를 보면 자신이 어떤 식의 말을 할 건지 미리 말해준다. 그러면 거기에 받아칠 말들을 미리 생각해 놓는다. 편안하게 서로 입담을 펼치며 프로그램을 마치면 기분이 상쾌하고 뿌듯하다. 보는 시청자도 불안하지 않고 편하게 지켜봐준다. 그러니 자연스럽게 그 프로그램은 잘될 수밖에 없다.

국민 MC 유재석의 프로그램을 보면 느껴질 것이다. 혼자 돋보이려고 말을 하는 게 아니라 옆 사람을 돋보이게 하는구나. 그러니 사람들은 그 사람과 유독 더 일하고 싶을 것이다.

지금은 불미스런 일로 자숙 중이지만 그 일이 있기 전의 조사에서 롱런 진행자 1위로 김용만이 뽑힌 적이 있었다. 그는 같은 조사에서 여자 진행자가 함께 일하고 싶은 1위이기도 했다. 김용만은 자신의 대본분량도 나눠주고 무슨 말을 할지도 서로 의논했다고 한다.

분위기를 편안하게 이끌 수 있는 힘. 그건 자기가 주인공이라는 생각보다는 옆 사람과 함께 가려 할 때 나온다. 옆 사람 말을 잘 들어주고 호응해주는 행위도 '혼자가 아닌 함께' 라고 생각하는 데서 나오는 것이다.

🖊 분장실 여동생 군단

혼자서는 절대 멀리 못 간다. 함께 즐거운 마음으로 해야 멀리 가지 않겠는가. 혼자 단거리는 가능하겠지만, 장거리는 숨이 턱턱 막힐 것이다.

내가 임신했을 때 일이다.

지역방송에서 여자 아나운서가 결혼한다는 것은 썩 좋지만은 않은 상황이다. 그런 분위기 속에서 난 결혼, 임신, 출산까지 축하 속에 할 수 있었다. 이런 나의 삶이 혼자였다면 절대 해낼 수 없다는 것을 임신하고서 더 절실히 느꼈다. 옆에 동료들이 격려해줬기 때문이다. 특히, 분장실은 나에게 아주 특별한 공간이다.

그곳은 나를 지지해주고 응원해주는 여군단들이 있다.

한 번의 유산을 하고 힘들게 임신하게 됐을 때 행여 또 그런 일이 있을까 싶어 함께 노심초사해줬다. 그들의 보살핌으로 막달까지 방송을 무사히 하고 순산 할 수 있었다.

내가 계단을 오르락내리락하면 숨 찬다고 뉴스 시작 전 메이크업 동생이 혹은 코디 동생이 보도국 가서 기사를 받아왔다. 매일 가는 나도 보도국이 삼엄하고 어려운 곳으로 느껴지는데 하물며 동생들은 어려웠겠는가. 그럼에도 자청해서 내 일을 기꺼이 해줬다.

데스크에 앉아서 온전히 기사에만 집중할 수 있게 도와줬다.

퇴근길에 짐이 무거울까 싶어 차까지 에스코트해준다.

냄새에 예민하다 했더니 나 없을 때 스프레이를 뿌리고 문을 죄다 열어 놓으며, 잘 쓰던 향수도 뿌리지 않고 출근해준다.

배가 불러서 시청자가 눈치챌까 싶어 최대한 가릴 수 있는 의상을 찾아 헤매는 수고도 마다치 않았다. 이들의 보살핌이 있어 무사히 임신 9개월까지 채우고 쉬러 갈 수 있었다.

누구도 시키지 않았고, 나 도와준다고 월급 더 주는 것도 아닌데, 자기 분야가 아닌 것까지 챙겨준다. 그런 동생들이 정말 고맙고 든든했다. 그들이 없었다면 분명 그 기간 내내 스트레스받아가며 그 상황을 힘겨워 했을 것이다. 윗분들에게 애교 없어서 정말 사무적으로 대하는 나로서는 이 여군단들(분장실 동생들)이 있어서 열 간부 부럽지 않았다.

이러한 일들은 윗간부들이 해줄 수 있는 일들이 절대 아니지 않은가.

나 혼자서는 견디기 힘들었을 시기에 함께였기 때문에 이겨낼 수 있었다.

📎 알아달라고 명함을 내미는 사람들

남들이 생각하는 타이틀, 그 감투가 '아나운서'라는 직업에서 비롯됐다고 생각했다면 이들과 이렇게 끈끈하지 않았을 것이다. 가끔 '아나운서'라는 대단한 감투를 썼다고 착각하며 행동하는 이들도 있다. 그냥 직업상 이름일 뿐이고 하고 싶어 하는 거라면 그 일에 충실하면 되는 것인데, 그 타이틀이 일상생활에서도 모든 명함인양 행동하는 사람들을 간혹 본다. 그런 모습에 '난 저러면 안 되겠다'고 늘 생각한다. 하지만 나도 모르게 그렇게 보이지는 않을까 고민한다.

분장실은 그런 모습이 여실히 드러나는 곳이다.

그곳에 있어 보면 정말 대단한 타이틀을 가진 분들이 많이 온다.

대통령 후보들부터 지역의 저명인사들까지.

그들의 인격이 확인되는 공간이 분장실이다.

방송 전과 후가 상당히 다른 이들이 있다.

문 열고 들어오는 자세부터 남다르다.

간혹 인사를 생략하는 사람들도 있다. 사장님이나 국장급 정도만 상대해주는 분들이다.

선물도 윗분들 것은 깍듯이 챙겨온다. 이득이 없다 싶은 사람에겐 신경 쓰고 싶지 않다는 표정을 보인다. 반면 상당히 높은 위치에 있는 사람이면 몸이 그렇게 민첩할 수가 없다. 재킷을 벗으면 들고 있어주고, 음료 대접하고. 뭐 간이라도 내줄 것처럼 한다. 굳이 자기가 하지 않아도 될 일을 그런 면에선 자동으로 잘도 한다. 물론 그 모습이 나쁜 건 아니다. 단지 한결같았으면 하는 바람이다.

아나운서 후배와 외부 유료 주차장에 간 일이 있었다. 그곳에 만차인 상태라 주차가 힘들었다.

그 후배가 운전한 터라 일행인 우린 먼저 차에서 내렸다. 차를 대충 대고 나가려는데 아저씨가 후배를 불러 세웠다. "거기 대면 안 됩니다.", "아저씨 잠깐 댈게요.", "그래도 안돼요", "저 방송국 아나운서거든요."

아니 그 상황에서 그런 말이 왜 나오는 거지? 난 정말 의아했다. 그 후배의 평소 행동은 그런 면이 많았다. 나이를 떠나서 자신에게 이득이 된다고 생각하면 거침없이 잘도 한다. 반면 그렇지 않다고 생각하면 참으로 차갑게 대한다. 그리고 직업이 그 얼마나 대단하다고 거기서 그런 말을 하는지. 난 오히려 부끄러웠다. 그 후배는 내가 없는 공간에서도 늘 그런 식이었나 보다.

그래서 가끔 "아나운서가 되려면 어떻게 해야 해요?" 물어보면 난 바로 말한다.

"마음 밭을 잘 일군 다음 다른 것을 채우면 좋겠다"고.

162
163

✎ 내세우지 않아도 빛나는 사람

1분 논평하러 분장실에 오는 백발의 교수님이 있다. 그분을 보면 '나도 저분처럼 멋지게 나이 들고 싶다.'는 생각을 갖게 한다. 늘 올 때마다 제과점 하얀 봉투에 한 아름 빵을 들고 온다. 분장실 사람들 고생한다며 한 번도 놓치지 않고 사온다.

"별거 아니니깐 그냥 나눠 드세요." 라며 테이블에 조용히 놓고 간다.

처음엔 담당 피디나 국장급 간부들도 챙겨 주는 줄 알았다.

그래서 겸사겸사 주는 줄 알았는데 꾸준히 챙겨오는 모습을 보고 한번은 이렇게 말했다.

"피디님들도 주고 저희도 챙겨 주시려면 힘들 텐데, 고맙습니다."

"난 여기만 사와요. 아이고, 저분들은 나 아니라도 괜찮아요."

그분 외모가 굉장히 수려한 것도 아니다. 빵 때문만이 아니라 몇 마디 이야기 나눠보면 여러모로 깊고 멋스러운 생각을 갖고 있었다. 그게 처음엔 소소한 빵 챙김으로 표현이 됐던 거다. 정말 멋있어 보였다. 보통 그 자리에선 소위 윗분이라고 하는 분들에게 잘 보이려 할 텐데, 오랜 시간 보면서 그분에게선 전혀 그런 모습을 찾아볼 수 없었다.

나 또한 그 교수님과 비슷한 생각을 하고 있던 터였다. 그래서 다시 한 번 내 맘을 다지는 계기가 되었다. '그래 내가 이상한 게 아니구나. 나처럼 생각하는 사람이 있었어. 간부들은 내가 챙기지 않아도 충분히 잘~지낸다. 나 아니라도 괜찮다. 오히려 내가 힘을 줄 수 있는 곳에 더 잘 해줘야겠다.'는 생각을 했다.

그런데 내가 힘을 주겠다고 나서지만 정작 내가 힘을 받는 경우가 더 많아서 오히려 고마울 따름이다.

위아래 구분하지 말고 한결같은 자세로

보통 언니 동생, 형 동생 선배 후배 등등으로 서열이 있다. 그리고 그 서열대로 깍듯하게 잘해야 한다고 생각한다. 뭐, 당연한 말이다.

그런데 그런 관계를 잘못 해석하는 사람들도 많다. 자기가 나이로나 경력으로나 우위에서 대접을 받아야 하는 게 당연하다고 생각한다. 이 당연한 분위기를 거꾸로 생각해보면 어떨까?

내가 아는 사장님은 사원들에게 오히려 90도로 굽혀 인사한다. 그런 모습을 한결같이 보이니까 그분은 인격이 높다고 생각한다. 그리고 진심을 다해 더 챙긴다.

우리는 보통 자기가 나이가 많고, 지위도 우위에 있는데 먼저 굽히고 들어가면 무시당할 거라고, 혹은 기고만장할 거라고 생각한다. 그런데 가만 생각해보라. 정말 주변에서 자신에게 그렇게 했다고 무시하게 되던가? 반대로 그 사람 참으로 괜찮다는 생각을 하게 될 것이다.

대학 선후배 사이에서도 흔히 볼 수 있는 일이다. 후배가 와서 인사해야지 어디 선배가 먼저 해?

내가 가서 먼저 인사하면 위신이 바닥으로 떨어질 게 뻔하다고 착각한다.

나를 낮추고 먼저 다가간다고 절대 자신이 추락하거나 무시당하는 일은 없다. 오히려 함께하고 싶은 맘이 더 들게 될 것이다.

혹시 웃어른을 챙기는 스타일이라면 그 마음을 그대로 밑에 동생, 후배들에게 쓴다면 깜짝 놀랄 것이다.

그런 마음으로 주변 사람들을 대한다면 분명 혼자가 아닌 함께 라는 것을 알게 될 것이다. 인복이 많다 할 것이다.

위아래 구분하지 말고 한결같이 대해보자.

'사람 위에 사람 없고, 사람 밑에 사람 없다'는 누구나 아는 이 문구, 그런데 많은 이들이 잊고 사는 경우가 많다.

'내가 누군데 나를 무시해?' 그 사람의 직업이 그 사람 것일 수도 있지만, 인격까지 그 직업일 순 없는 거다. 그 직업을 가졌다고 인격까지 무시하는 사람들을 많이 봐왔다. 그런 사람들 단기로는 높이 갈 수 있어도, 장기로 보면 오래가긴 힘들다.

혼자 잘 보이려고 옆 사람 보지 않는다면, 그 옆 사람도 당신을 보지 않을 게 분명하다!

Keep The Faith

'관심'은 의미 없는 소음을 의미 있는 소리로 바꿔준다

난 요즘 집 밖을 나가면 하고 싶은 일이 나를 기다리고 있음에 좋고, 집에 가면 나를 기다려주는 식구가 한 명 더 늘어서 기쁘다.

그 식구 한 명은 내 딸 '한비'다.

그런데 처음 한비의 엄마라는 타이틀이 붙었을 땐 너무도 쑥스럽고 어색했다.

특히 미스 때부터 아이를 좋아하지 않는 나였기에 더욱 그랬다.

그런데 아이를 낳고 보니 세상의 아이들이 달라 보였다.

이래서 경험하지 않고는 내가 어떤 사람이라는 것을 단정 지어서는 안 되는 모양이다.

🖇 아이의 눈높이

처음 아이를 만지며 무슨 말을 꺼내야 할지 몰라 하고 있을 때.

주변 시어머니부터 친정엄마까지 아기를 대하는 모습이 나는 정말 신기하고 어색했다.

"아가~오야~까꿍 오로로로로로 까꿍 그랬쩌~" 뭐 이런 풍경이 내 앞에 펼쳐지는데 손발이 오그라들 것 같았다.

왜 아기에게 저렇게 하이 톤으로 코맹맹이 소리를 내야 하는 걸까? 그런데 아기는 그런 목소리에 반응했다. 그렇게 애교 잔뜩 섞인 소프라노 톤으로 놀아 줄 때 히죽히죽 웃었다. '아~~이렇게 해야 되는구나' 나도 아기에게 잘 보이고 싶어서 그리고 우는 아이 달래야 하니 어느새 나도 "우루루루루 까꿍" 하고 있었다.

할수록 점점 그 정도가 과해지기 시작했다. 신랑은 그런 와중에도 우리 아줌마들의 그런 애교 작렬 소프라노 톤을 쉽게 따라 하진 않고 있었다. 남자라 이거다.

그런데 우리의 이런 애교를 넘어서는 분을 만났다.

일주일에 한 번씩 오셨던 한비 선생님, 그 선생님은 문 열고 들어오는 순간 "한비야~안녕! 꿀꿀꿀 꿀꿀이가 한비 보고 싶어서 선생님이랑 함께 왔네~" 완전 최고봉 하이 톤으로 한비랑 놀아준다. 이러니 한비는 선생님이 안 좋을 수가 없다.

엄마인 내게 말한 말투와 한비랑 놀아주는 말투는 천지 차다.

혼자서 얼마나 키득거리며 웃었는지 모른다.

그런데 가만 보니 그게 바로 한비랑 소통하는 방법이었다.

한비의 눈높이에서 이야기해주는 것. 그래야 아이가 선생님과 함께 하고 그래야 수업이 진행될 수 있는 것이다.

'내가 어른이라고 내가 아는 게 더 많다고 내 입장에서만 말한다면 정말 소통이 힘들겠구나. 그래서 아이들이 아빠와 노는 것보다 엄마랑 노는 것을 훨씬 좋아하는구나.'

엄마들은 기본적으로 아빠보다 더 연극 무드를 잘 만들어주고 하이 톤 대화도 잘 해주니 아이들도 그걸 귀신처럼 잘 아는 것이다.

이래서 아이들이 웬만해선 아빠보다 엄마 찾을 때가 더 많다.

일단 뭘 함께 하려 해야 그다음 원하는 것을 가르치든 일을 처리하든 그건 아이나 어른이나 똑같다.

🖉 격차를 없앨 때 다가온다

교수와 학생들이 노래방을 갔을 때 그 교수님이 신세대 노래 '아들아 지구를 부탁하노라~'라는 뭐 이런 노래 흥겹게 불러주면 학생들은 깜짝 놀라며 신 나게 놀 것이다. '역시 교수님은 생각이 트였어, 우리랑 통해.' 라는 생각을 할 것이다.

그러면 학생들은 교수님과 잘 놀고 진로 상담도 연애상담도 하고 싶어 할 것이다. 그렇게 어렵게 생각하던 교수님이건만 그 교수가 학생들 입장에서 놀아보려고 신곡 외워서 함께 어울린 것만으로도 그 교수는 인기 교수가 될 수도 있다.

비단 노래뿐만이 아니라 수업 앞머리에서 학생들이 고민하고 관심 있어 하는 내용을 꺼낸 후에 수업을 진행하면 훨씬 더 학생들이 잘 따라와 준다.

학생들이 보기엔 '교수'라는 위치가 굉장히 높아 보이는데 먼저 그 문턱을 낮춰주니 학생들이 쉽게 문을 열고 들어갈 수 있는 것이다.

반면에 교수라는 자리가 권위적이라는 것을 몸과 말로 표현해서 그 문턱을 더 높이는 사람들도 있다. 그런 교수의 연구실 문은 학생들에 겐 두드리기에 더 어려운 곳이 될 수밖에 없다. 그럼 더 많은 것을 알려주고 싶은 교수의 맘은 방법의 차이로 전달되지 못하고 만다.

아이의 입장에선 덩치 큰 어른이 얼마나 위협적이고 무섭겠는가. 그런 어른이 아이처럼 말하고 행동해 줄 때 경계를 푸는 것처럼 우리 사회도 똑같다.

무엇을 가르치거나 일을 처리할 때, 일단 상대방과 친해져야 더 손쉽게 해결할 수 있다.

그럼 어떻게 친해지냐는 건데, 참으로 어려운 일이다.

어찌해야 할지 모를 때는 항상 상대방의 입장에서 생각하고 행동해보는 거다. 가끔은 정말 단순한 게 답으로 보일 때가 있다.

한비 선생님이 한비의 수준에 맞춰서 했듯이. 교수님이 학생들 수

준에서 생각하고 말하듯이. 먼저 맘을 열어야 받아들일 수 있고 전달할 수 있으니 서로 답답해하지 않아도 된다.

✎ 소음은 관심을 만났을 때, 의미를 지닌 소리가 된다

일단은 관심을 끌어야 친해질 수 있다. 관심이 없는 소리는 듣는 이에게 의미 없는 소음에 불과할 뿐이다.

신랑은 스포츠 중계를 좋아한다. 재방 삼방도 마치 처음 보는 것 마냥 흥미진진하게 본다.

반면, 나는 중계를 하든 말든 집안에서 내 할일 하느라 정신없다.

스포츠는 보는 것 보다 하는 것을 더 좋아하는 편이다. 그렇다고 썩 좋아하는 것도 아니다. 그러다보니 특별히 관심 있는 중계가 아니고선 내겐 소음처럼 들린다.

하지만 패션 관련 방송들이 나오면 난 모든 일을 멈추고 TV에 시선이 고정된다. 그 모든 것이 내겐 흥미진진한 소리들이다. 그래서 하던 일을 잊게 한다.

이렇듯 분명 저마다 관심 있는 소리들이 있다. 관심 없는 소리는 소음에 불과하다.

가끔 나의 목소리가 누군가에게 소음은 아니었는지 생각해보게 된다.

*

남자들에게 들려주고 싶은 이야기

"자기야, 냄비에 끓는 게 뭐지?"
"뭐긴, 물이지."

단 두 마디가 더 이상 말을 잇지 못 하게 한다.
그 앞에 붙어 따라 나오는 '뭐긴~'이라는 말만이라도 안 했으면 좋았을 텐데, 너무 성의 없게 들린다.
그래서 "왜 그렇게 말을 해?", "그럼 뭐라고 말해?" 라고 한다.
남편은 당연한 질문을 하는 걸 싫어하는 스타일이다.

대화 대부분은 당연한 질문들이 많다.
당연한 질문들이 오가면서 중요한 이야기들도 하게 되는 경우가 많다.

특히, 시답잖은 내용을 이야기하다 진짜 속마음을 이야기하고 싶어 하는 게 여자다. 그래서 커피숍에서 주로 하는 이야기는 그다지 중요한 이야기들이 아니다.

단답형의 대명사가 되어버린 나의 남자.
우스갯소리는 많이 하는데 일반적인 대화를 들여다보면 이렇다.

"오늘 점심 뭐 먹었어?"
"밥."
"무슨 밥?"
"구내식당."
헉, 밥이 구내식당이라니.

난 듣고 싶은 게 누구랑 어떤 식으로 어떤 메뉴를 어떤 분위기에서 먹게 됐는지가 궁금한 거였다.

이렇게 질문 던지는 나도 이미 듣고 싶은 답이 있지만 서도 단답형으로 말해주면 이건 군대도 아니고 정말 삭막하다 싶어서 토라지게 된다. 이래서 남편과 하는 대화보다 내 말 잘 들어주고 길게 대답해주는 친구랑 수다 떠는 게 훨씬 좋다.

회사에서도 그런 사람이 있다. 더군다나 상사라면 더 속 터질 것이다. 뭐라고 대꾸도 못 하게 말을 잘라버리기 일쑤다.

"내일 녹화해요?"

"그럼 낼 하지."

"……."

정말 몰라서가 아니라 혹시나 해서 건넨 말이다. 듣자마자 '괜히 물어봤구나' 싶다.

꼭 이렇게 퉁명스러운 말투로 뻔한 질문 던졌다고 면박 주는 사람이 있다. 이들은 자기가 그렇게 하는지 모르는 경우가 많다.

"왜 그냥 또 말해주면 안 돼요?" 라고 말하고 싶지만 내 남자도 아니라 그런 말도 못 하고 조용히 입을 닫는다.

돈 드는 것도 아닌데 굉장히 말을 아낀다. 그 말 아껴서 어디 짊어지고 갈 것도 아니면서 말이다. 말 인심 좀 쓰고 살면 좋으련만 그것마저 귀찮다고 한다.

🖉 대화하기 위한 예열작업

가끔은 이런 당연한 질문, 쓸모없다고 생각하는 질문들이 말문을 터주기도 한다. 이런 과정 없이 언제나 정확한 답이 있고, 쓸 데 있는 답만 요하는 질문만 해야 한다면 그게 기업의 프레젠테이션이지 일반적인 대화라 할 수 있을까.

이런 삭막한 대화들이 쌓이고 쌓여서 입에 거미줄을 치게 한다. '더는 내가 저 사람과 길게 말하나 봐라~그래 나도 아주 중요하고 필요한 질문만 해야지. 불필요한 말은 꺼내지도 말아야지'라고 굳게 다짐해버린다. 사람과 사람이 살아가는데 이런 다짐을 갖게 하는 것이 얼마나 씁쓸한 일인가. 이런 사람들과는 일을 함께하는 시간도 내내 버거울 때가 있다. 그래서 같은 일을 하는 동안도 쓸데없는 질문들을 하지 말아야 하니 즐거울 리가 없다.

나는 수업 앞머리에 늘 쓸데없는 이야깃거리 몇 개씩 준비해간다. 오는 길의 이야기, 어제 방송사고 있었던 이야기, 신랑 이야기, 오늘 의상 콘셉트 등등. 주변의 신변잡기들을 풀어 놓는다. 그러면 딱딱해진 수업이 한결 부드러워진다. 교수와 학생으로 만난 관계라 더 어렵게 생각할 수 있을 것 같아서 내가 먼저 내려놓으려 한다. 그럼 정말 신기하게도 학생들이 다가와 준다. 자신들의 고민거리들을 어느새 털어놓는다.

수업이라 해서 처음부터 내가 가르치고자 하는 이론, 실기만을 주입하면 흡입력의 차이가 났을 것이다. 내가 겪는 사소한 이야기들은 듣는 이들을 공감케 한다. 내가 네가 되는 순간을 만든다. 그럼 그들도 말문을 연다.

그리고 아주 뻔한 질문들을 던진다. 어려운 질문이 아닌 아주 사소하고 쉬운 질문들을 말이다. 그렇게 했을 때 상대는 어렵지 않은 사람, 나와 비슷한 생각을 가진 사람으로 생각해준다. 자신과 비슷한 생각을 갖고 있다는 사람에겐 왠지 모르게 끌리는 매력이 있다. 이런 매력은 연애 초기에 상대방을 끌게 하는 아주 중요한 요소이다. 그래서 연애 초기에는 자신과 생각이 비슷하다며 시간 가는 줄도 모르고 이야기를 나눈다. 그것을 대화가 통한다고 말한다. 대화가 통한다는 것은 즐겁다는 것이다.

사람은 뭐든 즐거운 것을 가까이 두려한다. 사람이든, 일이든, 놀이든 즐거운 것을 취하고 싶어 한다. 즐겁지 않으면 멀리하고 싶게 만든다.

아는 남동생이 연애를 시작했을 즈음이다.

"누나, 이번에 만나는 여자 친구랑은 정말 잘 통해."

"뭐가 그렇게 잘 맞니?"

"대화가 잘 돼! 서로 생각하는 게 비슷해~"

이랬던 그 동생이 몇 달 후에 다시 나타났다.

"누나 그 애랑 헤어졌어."

"왜?"

"대화가 안 돼!"

"아니 무슨. 처음엔 대화가 잘 통하고 딱 맞다며."

"아냐, 아냐 내가 잘 몰랐어. 안 통해도 그렇게 안 통할 수 없어. 대화를 할 수가 없어."

그렇다. 대화가 안 돼서 헤어졌단다. 연애 초기엔 아주 당연한 질문들에 귀 기울이며 서로 알아갔을 것이다. 서로 많이 알았다 싶을 땐 그 당연한 질문들에 시큰둥해진다. 둘 다 달라진 건 없는데 사소한 말들이 귀찮아지기 시작하면 입을 열기 싫어진다. 그래서 아주 중요한 말만 꺼내게 된다.

헤.어.지.자! 라고.

🖊 당연한 말들을 주고받을 때 정이 는다

나의 둘째 언니는 영업 파트에서는 제법 능력을 인정받는다.

그 능력은 어릴 적부터 남달랐다.

어릴 적에도 또래 친구들보다 나이 많은 언니들과 더 어울려 다녔다.

지금도 우리 엄마 정도로 보이는 분들과 언니 동생 한다. 언니 옆엔 온통 언니들이다.

한밤중에도 여기저기 언니들의 고민 전화받느라 바쁘다.

동네 버스 정류장 정도에서 집까지 오는 시간도 한 시간이 걸리는 사람이다.

정육점 주인과 인사하고 세탁소 아줌마랑 인사하고 지나가던 옆집 할머니랑 인사한다.

그 인사가 가벼운 눈인사가 아니다.

언니가 오늘 있었던 아주 사소한 일들을 말하고 있다.

옆에서 듣고 있자면 '아니 왜 저 얘기를 하는 겨~' 라는 말이 절로 나올 정도다.

'저 사람이 저런 얘기를 궁금해 할까?' 라는 생각이 든다.

하물며 옷을 살 때도 마찬가지다.

우리는 보통 맘에 드는 옷만 사서 나오는 게 목적이라 그것만 달성하고 나온다.

근데 그 옷을 어디에 입고 갈 것이며, 무슨 약속이 있으며, 누구 소개로 왔다는 둥, 매장 언니 피부 정말 좋다는 등 말한다. 듣고 있자면 군이 필요하지 않은 시시콜콜한 이야기들이 대부분이다.

그런데 언니와 대화한 사람들을 봤더니 그런 말들을 기다렸다는 듯이 매우 좋아한다. 그리고 어느새 친근해한다.

어쩌면 많은 사람이 그런 말들에 목말라하고 있었는지도 모른다. 그런 당연한 일상 이야기들을 쭉 늘어놓으니 왠지 알고 지냈던 사이처럼 느껴지나 보다.

이렇게 일궈낸 사람들이 주변에 있으니 영업은 자연스럽게 성사가 되곤 한다. 누군가에겐 정말 어려워 보이는 영업이 언니에겐 그리 어렵지 않게 보인다. 그 노하우는 바로 아주 당연한 질문들의 대화가 큰 몫을 하고 있었다.

당연한 말들 무시하지 말자! 그 당연한 말들이 오고 갈 때 그 안에서 보석이 만들어질 수 있다.

소통은 어떻게 단절되는가

함께 있으면 좋을 사람

출근길에 앞차가 자꾸 말썽이다.

가만히 들여다보니 썬 캡에 장갑 낀 여사님이시다.

그 차 때문에 뒤차들이 빵빵거리고 요란스럽다.

그분도 얼마나 진땀이 날까 싶다.

주행도로에 미숙한 운전자가 느린 속도로 원활한 주행을 막는 경우가 있다. 이럴 경우에는 뒤차 역시 속도를 따라 줄여야 하므로 전체적으로 차량이 지체된다. 숨통 트이게끔 달려 줄 땐 눈치껏 재주껏 달려줘야 한다. 그래서 느린 속도로 가는 운전자는 바깥쪽 차선으로 빠져서 뒤차들이 자신의 차로 인해 밀리는 상황을 겪지 않게 먼저 보내줘야 하는 게 예의다. 하지만 미숙한 운전자일수록 그런 운전 에티켓을 모르는 경우가 많다. 계속 정체를 유발한다. 그런 사람들을 '소통단절자'라 부른다.

이런 단절자들 뒤에서 사람들은 불평이 는다.

"집에서 살림이나 하지, 왜 나왔어?"

"자기 돈이야? 자기 돈처럼 생각하면 집에서 주식이나 하지 왜 나왔어?"

📎 소통단절자

도로 위 흐름이나 인간관계의 흐름이나 비슷한 구석이 많다.

직장 내에서 간혹 의견을 내라 해서 고심 끝에 말해도 좀체 반영이 안되는 경우가 있다. 아나운서 분장비를 올려 줄 때가 훨씬 지났다고 제안했는데 듣는 둥 마는 둥 이었다. 물가는 계속 오름에도 불구하고 10년 동안 분장비는 제자리걸음이고 남자보다 여자가 훨씬 비용이 많이 들어가므로 고려해 달라고 요청해도 묵묵부답이다.

'아! 괜히 말 꺼냈어.'

위로 전달도 안 해줘, 자기 돈 드는 것도 아닌데 마치 자기 돈처럼 말해, 그냥 좀 해결이 안 되더라도 말이라도 전해주던가 아니면 내 마음을 헤아려주듯이 호응이라도 좀 하던가, 어느 하나 흐름이 원활하지 않아 속 터진다. 중간에서 딱 가로막고 멈춰 있게 만드는 '소통단절자' 같다.

이러니 의견을 말해보라고 할 때 할 말이 없다.

반면, 자신이 먼저 가야 한다고 틈만 있으면 끼어들고 무리한 추월을 계속해서 주변 운전자를 불안하게 만드는 경우도 있다. 이래서 접촉사고라도 발생하면 운전미숙을 탓하며 목청높혀 윽박질러대기 일쑤다.

그럴 때면 몇년 전 인기있었던 〈개그콘서트〉의 '정 여사' 코너가 떠오른다. 그 속에는 이른바 '갑질'이라 하는 횡포를 적나라하게 드러냈다.
말이 안 통한다 생각하면 "사장 나와! 사장 불러줘!" 라고 큰소리 빵빵 친다.
여기에 "내가 누군 줄 알아?"도 덧붙이는 이들도 있다.
그리고 막무가내로 "바꿔줘!" 하는 거다.

🖇 권위주의가 불러온 폐해

백화점 화장품 코너 갔다가 옆 매장에서 난리가 난 걸 봤다. 아니, 나뿐만 아니라 1층 매장이 들썩여서 거기 있던 모든 이들이 볼 수밖에 없었을 것이다.
앞에 있는 물건을 점원 얼굴에 집어 던지고 "너! 뭐야? 왜 내게 반말이야!" 라며 고래고래 소리를 질렀다. 그 여점원은 얼굴이 빨개져서 어쩔 줄 몰라 하며 무조건 죄송하다고 한다.

급기야 매니저가 왔고 그 매니저도 무조건 고객의 맘을 안정시키려고 미안하다고 한다.

"버르장머리가 없어, 내가 누군 줄 알고 이런 식으로 대해!"

헉, 믿겨지지 않는다. 정말 개그 프로나 드라마에서 보는 장면을 직접 보게 되다니, 심장이 떨어져 나가는 줄 알았다. 근데 옆에 가족이 함께 온 듯싶었다. 부인은 말리기는커녕 남편 말을 거들었다.

"그러니깐 왜 사람을 건드려."

정말 그런 사람들을 보고 부창부수라 하나보다.

보아하니 그 젊은 여점원은 나름 편하게 한다고 꺼낸 평소 말 습관이 그 고객을 화나게 한 모양이다. 그냥 넘어가도 될 일이고 좋게 말로 타일러도 될 것을 큰소리로 호통을 친다. 그 고객은 분명 살면서 소리치고 우기면 모든 게 해결된다고 크게 착각하는 사람일 것이다.

밑에 사람 말고 윗사람만 통하겠다고 우기는 그런 사람. 권력을 맘껏 휘두르고 모든 것을 권력으로만 해결하려는 사람. 이들과 일하는 사람들이 정말 안쓰럽다.

이런 소통 단절자들은 세상을 '위에 있는 사람'과 '밑에 있는 사람'으로만 나누고 살아갈 것이다. 이들과 일하는 사람들은 앞에서는 '네 네' 하면서 자신의 의견을 꺼내려 하지 않을 것이다. '말해봤자'라고 생각할 것이니까. 이런 회사는 경직성으로 인해 창의성이 결여되어 개성이 발휘되지 않아 도태되기 쉽다. 그러면 더더욱 다그치게 되고

밑의 사람들은 더욱 경직된다.

　이런 악순환이 일어나지 않도록 소통 단절자들을 위한 치료도 필요한 것 같다. 누구 때문에 무엇 때문에 소통이 단절되고 흐름이 끊기고 있는 것인지 생각해봐야 한다.

　그런데 문제는 당사자가 이걸 병이라고 생각하지 않기 때문에 악순환은 계속된다.

가끔은 단순한 게 답일 때도 있다

"경상도 사람들은 앞에 대놓고 이야기한다. 전라도는 빙빙 돌려서 이야기한다. 전라도식은 상대방의 맘을 다치게 할까 봐서 배려 차원이라고들 말한다. 경상도식은 앞에서 말하고 더는 뒷말이 없다."

📎 지역색의 차이인가

경상도에서 온 한 게스트를 인터뷰하면서 들은 내용이다.

"전라도에서 생활하니 좋은 점이 정말 많습니다. 인심도 좋고, 음식도 맛있고요, 그런데 돌려 말하는 게 너무 힘듭니다."

그 말을 듣고 보니, 과거에 함께 일했던 경상도 여동생이 떠올랐다. 그녀도 이런 비슷한 말을 했다. "언니 제 고향에선 대놓고 말하는데 여긴 사람들이 말을 상당히 돌려 말하니깐 쫌 어려워요."

그녀가 다소 직선적이긴 했다. 하지만 그녀가 경상도식이든 전라도식이든 다르지 않았다. 누군가가 말을 하면 자꾸 뒷말을 생각하는 습관이 있었기 때문이다.

그 점이 자신을 피곤하게 만들었다. 주변에서 그렇지 않을 거라고 말해도 분명 숨은 의미가 있을 거라고 추측하는 습관을 버리기 힘들어 했다.

결국, 지역의 차이가 아니라 그냥 성격 차이인 거다.

여기서 보는 경상도식은 마치 배짱이 두둑한 것 같다. 당장 맘을 다치게 하더라도, 잡음도 없고, 일단 한번 결정한 것을 밀고 나갈 수도 있다. 하지만 당장 면전에서 주는 말 한마디에 사기를 꺾을 수도 있다.

전라도식은 정이 많은 것은 좋지만, 그 의중을 파악하려고 애쓴다. 그러다가 추진하려는 일들에 잡음도 많고, 놓치는 경우도 많다.

조직에서도 전라도식 경영이 당장은 아무 일 없어 보이지만, 내 뒤에서 무슨 일이 일어날까 봐 늘 불안해한다.

그래서 어떤 한 사건에 대한 여러 가지 소문이 나돈다. 뭔가 추진하려는 것이 결국 여러 소문으로 사공이 많아 배가 산으로 가는 경우를 초래하기도 한다.

📎 생각이 너무 많아

군대에서 장군이 "저 나무는 왜 저기 있지?" 라는 말 한마디에 밑에 간부들은 온갖 추측을 한다고 들었다. 그래서 그 말 한마디에 나무는 뽑히고 곧 다른 곳으로 옮겨진다.

정말 장군이 나무가 거기 있는 게 싫어서 한 말이었을까?

중간 간부들은 자신들이 눈치가 엄청나게 빨라서 대단한 일을 한양 스스로를 대견해한다고 한다. 정작 그 말을 한 장군은 별생각이 없었을지도 모른다.

이러한 방식이 회사생활에서도 많이 보인다.

간부회의 시간에 사장님이 "오늘 저 앵커 의상 스타일이 조금 파격적이네." 라고 말했다면 이미 중간급 간부들은 앵커를 부른다.

"그 의상이 좀 이상한 것 같아. 뉴스 스타일에서 많이 벗어나지 않았으면 해."

사장님의 생각을 지레짐작해서 더는 그분의 신경을 거슬리게 하고 싶지 않아서 아나운서에게 말한다. 사실 본인은 그 의상에 아무 생각조차도 없었는데, 그 이야기를 듣고 난 후엔 자기 생각도 그렇다는 양 말을 전한다.

이런 이야기를 듣는 앵커와 코디는 더는 새로운 스타일을 시도하기가 두려워진다. 늘 비슷한 스타일을 유지하면서 혼나지 않는 선에서 하고 싶다는 생각이 든다.

방송생활 하면서 이런 비슷한 경우를 많이 겪었다.
시간이 흐른 후 우연히 사장님께 전해 들은 말이 전혀 그런 의도가 없었다는 것도 알게 됐다. 그럼에도 끝까지 그 말을 전한 간부는 이렇게 말한다.
"그분이 직접 대고 절대 말하지 않는다. 분명 다른 뜻이 있다. 앞에서 하는 말이 전부가 아니다."라고 확신에 차서 다시 한 번 겁을 준다.

오랜 세월 이런 분위기에 있다 보니 어느 순간 나도 이런 방식에 젖어 있었고, 그게 맞을는지도 모르겠다는 생각을 하기도 했다.

대화 속에 숨겨진 뒷말이 있을 거라고 점점 착각하게 됐다.
그런데 그 숨은 의미를 찾아보겠다고 이리저리 머리를 굴려가며 고민하는 시간이 무의미하다는 것을 느끼기 시작했다.
보이는 대로 들리는 대로 생각하기로 맘먹으니 한결 편해졌다.

직접 말하든, 간접적으로 말하든 일단은 나의 확고한 소신이 먼저이다.

그래야 쉽게 흔들리지 않는다. 그런다면 어떤 지역의 성향이라고 말을 붙일 필요도 없지 않을까.

지금 누군가의 말 한마디에 흔들리고 있나요? 말속에 숨겨진 의미를 찾으려고 하나요?
가끔은 단순한 게 답일 때도 있다.

무엇이 춤추던 고래를 주눅들게 했을까

스포츠도 원정경기 보다 홈경기일 때 이길 확률이 높은 데는 이유가 있다. 관객 대부분이 홈팀을 응원하니 선수들의 마음이 얼마나 든든하겠는가. 힘내라는 응원소리와 잘했을 때 잘한다고 외쳐주니 평소 실력보다 더 잘하려고 하는 것이 사람의 마음이다.

주눅을 풀어주는 칭찬의 힘

회사 동료들과 회식 자리가 끝나고 코스처럼 가는 곳이 노래방이다. 그곳에서 다들 흥에 겨워서 실력 발휘하려고 준비 태세를 하고 있는데 한 선배가 말한다.

"잘해라 잉, 못 하면 꺼버린다." 농담인 줄 알았다. 그런데 정말 조금 못하면 가차 없이 꺼버렸다. 드디어 내 차례, 역시나 내 노래도 잘라 버린다. 그때부터 주눅이 잔뜩 들어서 노래를 못 하게 됐다. 그 선배 자리에 앉아서 평가하고 잘하면 "어~조금 하네." 하거나 노래를 꺼버린다.

나도 어디 가면 그렇게 못 하는 노래는 아닌데 정말 이상하게도 그 자리에선 자꾸 의식돼서 노래 부르기 힘들었다.

나중에 그 자리에 있던 사람들 말을 들어보니 다들 나와 비슷한 생각을 했다는 거다.

반면 다른 선배랑 노래방을 갔더니 그 선배는 손뼉 쳐주며 "잘한다!"를 연신 외쳐주니 말뿐이라도 더 잘하고 싶고 진짜 내가 잘하는 것 같은 착각을 하게 된다.

그러니 그 선배랑 어울리는 것이 기분 좋고 당연히 떡 하나라도 더 챙겨주고 싶은 마음이 든다.

평소 방송에서 가장 취약하다고 생각하는 분야가 바로 분위기 있게 읽는 내레이션이다.

밥 먹는 습관도 빠르고, 성격도 급하고, 말하는 속도도 빠른 편인데 프로그램 성격상 느리게 읽어야 한다면 그 호흡이 나와 맞지 않아서 늘 다른 옷을 입은 듯한 느낌을 떨쳐버릴 수 없었다. 그런데 이런 단점을 더욱 부채질하는 스태프가 있었다.

그 스태프는 내가 아는 약점을 콕 꼬집어 비꼬듯 말해준다. 그 말을 듣고 나면 기운이 빠지고 위축 들어서 더 수렁으로 빠져버린다. 녹음실이 나를 조여 오는 것만 같아서 뛰쳐나가고 싶은 심정이었다.

그 스태프는 나의 장점은 생략하고 지적은 신랄하게 참으로 잘해준다.

'내가 과연 이 길과 맞나'라는 의문이 들게도 한다.

그래서 나도 모르게 그 스태프를 피하고 싶은 마음마저 들었다.

'난 이것밖에 안 되는 거야?' 라는 자괴감을 갖게 한다.

지적도 공감이 가게 한다거나 상대방의 마음을 움직이게 해서 잘할 수 있도록 유도해준다면 얼마나 좋겠는가. 하지만 이 세상 사람들 마음이 어디 다 내 마음 같진 않을 것이다.

이 또한 내가 받아들이며 헤쳐나가야 할 길이다.

이런 지적을 받고 나처럼 나약한 마음이 들 땐 그 감정을 오래 잡아두어선 안 된다. 그럼 쉽게 무너지고 만다. 다른 누군가에게, 무언가를 통해 스스로 잘할 수 있다는 계기들을 만들어야 흔들리지 않는다. 주변에 이처럼 칭찬은 배제한 채 단점만 지적하는 부류의 사람들이 참 많다. 그런 사람들 볼 때마다 '왜 그런 식으로 말하느냐' 고 따질 수는 없지 않은가. 그리고 그럴만한 위치나 힘이 없을 때는 더욱 더 그렇다. 나쁜 것만 먼저 보고 좋은 점은 완전히 무시하고 지적하는 부류가 있는가 하면, 좋은 것을 먼저 보고 난 다음 지적하는 부류의 사람도 있다. 후자 쪽의 지적엔 사람들 마음을 움직여서 일의 능력을 키워주는 힘을 갖고 있다.

내 능력을 한탄하고 있을 즈음 다른 프로그램의 피디와 내레이션을 하게 됐다.

약간의 불안감을 갖고 있던 내게 그 피디는 나의 장점을 먼저 말해주며 칭찬부터 하고 지적을 해줬다. 그 지적이 그리 나쁘지 않았다. 더 잘하고 싶다는 생각이 들게 했다. 그리고 녹음 내내 잘하고 있다는 추임새를 넣어줬다. 이러니 내가 정말 잘하는 것 같은 착각이 들고 더 힘이 나서 자책보단 그 내용에 몰입하게 됐다.

앞서 갑갑하게 느꼈던 녹음실이라는 사실은 이내 잊은 상태였다. 자책감을 떨칠 수 있었던 장면으로 남는 순간이었다.

'그래 너도 할 수 있었어. 포기하지 마.' 라는 마음이 솟구쳤다. 바로 이게 칭찬의 힘이다.

🖇 신명나게 해주는 칭찬

또 한 번은 위치로나, 경력으로나 많은 것을 갖춘 피디와 일하게 됐을 때의 일이다.

같은 일을 해도 이렇게 사람을 신 나게 만들어 주는 이가 있다는 것에 새삼 감사했다. 누구나 일에 임할 때 잘하고 싶은 의지가 있을 것이다. 단지 이 의지를 많이 표현하지 않을 뿐이다. 이런 상태에 있는 이들의 의지를 꺾느냐 높이느냐도 결국 사람의 마음이 담긴 말이

좌우한다. 표현을 어떻게 해주느냐가 중요한 역할을 한다. 그 피디는 촬영장에서 이렇게 말한다.

"지금 정말 행복하다. 이렇게 좋은 분들과 일 할 수 있어서 행복하다."

특히 권위를 내세울 것만 같은 위치에 있는 이가 먼저 그렇게 말해주니 놀랍고도 '더 잘하고 싶다'는 마음이 강렬해졌다.

"박근아씨는 어쩜 그렇게 암기를 빠른 시간에 잘하나. 정말 대단해."

그 프로그램은 앞에 보고 읽는 프롬프터 없이 모두 암기해야 하는 프로였다. 많은 원고를 외워야만 했다. 그런 프로를 여러 피디와 했지만 한 번도 들어보지 못한 말이었다. 아마 당연히 다른 이들은 '내가 그렇게 할 수 있고, 해야만 한다'고 생각했는지 모른다.

그런데 그 피디는 칭찬을 아끼지 않았다. 그 말을 들은 내 마음은 '더 잘해서 더 칭찬받아야지' 라는 거였다. 마치 어린아이처럼 말이다. 결국, 사람들이 하는 일 속엔 이렇게 아이처럼 칭찬받고 싶은 마음이 자리하고 있지 않을까?

칭찬을 생략해야 권위가 선다고 착각하는 이들이 많은 것 같다. 아니면 연습이 안 돼 있어서 입 밖으로 꺼내는 것이 어려울 수도 있다.

어떤 피디는 독단적으로 결정하고 진행하는가 하면, 함께하는 스텝에게 의견을 묻고 수용해주는 피디도 있다. 적절히 수용해 줄 때, 소속감을 느끼고 더 참여하고 싶게 만든다. 바로 이 피디가 이런 말을 했다. "난 이유 있는 지적은 받아들여." 라며 동료 동생이 살포시 지적해준 사항을 수용하며 일을 진행하는데 참으로 좋아 보였다. 의견을 말한 동생은 그다음 또 다른 의견을 내놓고 있었다.

결국, 내 안에 있는 능력은 뭐라 단정 지을 순 없지만 같은 사람을 더 못하게도, 더 잘하게도 만들 수 있는 것이 바로 이 "잘한다. 잘할 수 있다" 는 호응이라는 것을 다시 한 번 깨닫는다.

나를 외치다

그녀를 투입하면 일단 안심이 된다. 10년 넘게 그녀와 함께한 수많은 프로그램들에서 경험한 바다. 그것은 쉽게 지나칠 사안이 아니다. 명백한 그녀의 힘, 요즘 말로 포스force다. 스태프를 안심시킨다는 것. 방송 전까지 기획과 구성방향이 적절한지 회의懷疑하며 신경불안증세를 보이는 피디나 작가들을 편안하게 만들어 버리는 면모는 그녀가 방송의 적절성을 가늠하는 시금석이 된다는 의미다. 능력을 넘어 미덕이다.

녹화물과 생방송을 가리지 않고 진행자로서, 인터뷰어로서 그녀는 종횡무진 활약한다. 자신감과 정확한 발음으로 물 흐르듯 내용을 파헤치며 진행한다. 출연자들은 각양각색 천차만별이다. 그 많은 경우 속에서 그녀는 긴장하는 출연자들의 감정을 포착해 자신을 맞출 줄 안다. 돌발적인 상황에서도 당황하지 않고 자연스럽게 수습해낸다. 행여 시청자께 사과할 일이 생겼어도 적절한 시점에 진심을 전한다. 타이밍을 알고 표정을 아는 것이다. 이쯤 되니 방송 전 MC석에서 그녀가 아무런 이의제기 없이 대본을 훑어본다는 것만으로도 스태프들이 안심할 만도 하다.

신입 아나운서들이 입사하면 맏언니인 그녀의 인솔 하에 국장과 식사하는 자리가 으레 있다. 그때마다 미국 ABC방송의 바바라 월터스

Barbara J. Walters 같은 저널리스트가 되라는 말을 한다. 실제로 그녀는 후배들에게 바바라처럼 인터뷰하고, 표정 짓고, 말하다 보면 그 꿈에 다 다르게 된다고 가르쳐 왔다. 그리고 화면 속 기품 있는 자세만큼이나 방송이 끝났을 때 스태프의 노고에 대해 마음이 담긴 인사를 할 줄 아는 겸손한 마음도 중요하다고 강조해왔다.

어느덧 그녀도 장년이 됐다. 더 큰 세상에 나아가겠다며 사직의사를 밝혔을 때 나는 뜬금없이 헤겔Hegel의 인정투쟁認定鬪爭이 생각났다. 그녀의 표정에서 상대의 상징 깃발을 획득하려는 도전의식이 보였기 때문이다. 내가 너무 오버했지 하면서도, 한편으론 투쟁은 하되 쓸데없이 목숨 걸지 않는 범위 안에서 물질적 소유도 지켜가며 시민사회로 뚜벅뚜벅 나아가는 것이 더 의미 있겠다는 생각이 들었다. 이제 그녀 스스로 그 길을 개척해야 한다. 설렘도 있겠지만 두려움 또한 어찌 없으랴. 혹 그런 때가 닥치면 내가 전하고 싶은 말, 가수 마야처럼 "지금 이 순간 끝이 아니라 나의 길을 가고 있다고 외치면 돼."

전주방송 편성제작국장

문 성 용

Chapter05
통찰은 쓰라린 경험에서 생긴다

개성
1인99억
진정한 대가
자H았게
1원한사람
나의우상

*

한 사람이
세 가지 일을 제대로 하는 방법

통찰은 쓰라린 경험에서 생긴다

멋진 아나운서, 완벽한 엄마의 모습, 훌륭한 강사의 역할까지 다 해내고 싶은 게 솔직한 내 심정이다. 이것이 지나친 욕심이라는 것을 안다. 그런데 이 셋 중에 하나만 잘 소화한다면 그다음 것도 능히 소화할 수 있다는 것을 알게 됐다. 아마 한 번에 세 가지를 다 해내려 했다면 분명 나는 지치고 말았을 것이다. 어느 것 하나 제대로 못한 채 말이다.

그렇기에 어느 정도 감당할 수 있는지 자신의 역량을 체크해 보는 일이 선행되어야 한다.

난 완벽한 엄마의 모습을 실천하는 욕심은 일찍이 접기로 했다.

요즘 전업주부는 당연히 아이들 양육에 온 신경을 쓴다. 이들이 그렇게 하는 것은 그런가 보다 넘길 수 있는데 워킹 맘들마저 슈퍼우먼처럼 아이들에게 모든 관심을 쏟아가며 키운다. 단언컨대 난 슈퍼우먼은 아니다. 아직도 내 꿈이 배고픈 사람이다. 이런 욕망을 꾹꾹 누른 채 오로지 아이만 바라보고 살만한 성격이 아니라는 것을 난 안다. 아이에게만 집중해서 훗날 "너 때문에 난 많은 것을 포기했어."라는 말은 하고 싶지 않다. 내가 하고 싶은 일을 즐겁게 하는 모습을 보여주는 엄마의 모습도 하나의 양육 방식일 수 있다고 생각했다.

✎ 육아, 그 험난함

아이를 한시도 곁에서 떼어 놓지 않는 친구가 있다. 그런데 그 친구가 땅이 꺼져라 한숨이다. 자신이 많은 것을 포기하고 아이만 봤는데 어느 순간 자신이 받은 스트레스를 아이에게 풀고 있다는 것이다. 붙어있다는 이유만으로 오히려 아이에게 쉽게 감정을 드러내 보인 거다. 온갖 짜증을 내고 부부 싸움까지 앞에서 보이니 아이가 울먹이며 이런 말을 했다고 한다.

"엄마 미안해 ! 나 때문에 아무것도 하지 못해서. 내가 괜히 태어났나봐."

그 말에 눈물이 와락 쏟아졌다고 한다. 아마 그 친구가 하고자 하는 일이 있었는데 아이 때문에 포기하고 살아가는 모습이 스스로 답답했던 모양이다.

"이것도 저것도 아닌 꼴이야." 라는 말을 했다. 아이를 잘 키우고

자 했지만, 집안에만 있는 나는 뭔가 싶은 자괴감도 들었을 것이다. 이 친구를 보면서 '그래 분명 나도 집에 있었다면 이러했을 거야.' 라는 생각이 스쳤다.

간혹 육아에 전념하는 또래 친구들을 보면 내 아이에게 괜히 죄책감을 느낄 때도 있었다. 그럴 때마다 일단 내 안의 평화가 있어야 내가 아이를 바라보는 시선 또한 평화로울 거라고 자꾸 세뇌시키곤 했다. 그 세뇌가 내겐 이로웠다. 그래서 집 밖에 나왔을 땐 오로지 일에만 전념 할 수 있었다. 아마 내 마음속에 자꾸 육아 방식의 미련이 남아있었다면 혼란스러워 업무에 집중하지 못했을 것이다. 그래서 계속 일은 하고 있지만 만족스럽지 못한 모습을 보였을지도 모른다. 난 그저 월급만 축내는 아줌마 정도로 취급받는 게 싫었다. 생각만 해도 끔찍하다.

🖈 내 인생의 중심은 무엇인가

간혹 젊은 여학생들이나 여자 후배들이 남자친구에게 온 정신을 쏟는 걸 보게 된다. 수업이 끝나자마자 애인에게 달려가고 수업 시간 내내 애인의 얼굴을 떠올리고 앉아 있기도 한다. 직장에서도 대화를 하다 보면 온통 남자친구 이야기가 전부다.

이들의 중심은 자기가 아니라 '남자친구'인 것이다. 그래서 행여 애인이 속상하게라도 하면 그 불만 섞인 마음을 학교에서, 직장에서 흘리고 다닌다. 그러다 보니 학점은 학점대로 좋을 리 없고, 직장 내에서의 기여도도 역시 좋을 리 없다.

보편적으로 이런 여성의 성향은 남자가 끌어 주기를 바란다. 자신의 중심을 자신에게 두지 않고 남자 친구에게 끌려다닌다. 남자 친구가 어떻게 하느냐에 따라 하루 기분이 좌지우지되니 자기가 성장하고자 하는 일에 집중하지 못한다.

충분히 그럴 능력과 뛰어난 두뇌를 갖고 있건만 의존적으로 점점 바뀌면서 스스로의 능력을 확신하지 못한다. 그럴수록 더 남자에게 의존하게 된다.

좋은 학교 나와서 자신이 원하는 일이 아닌 곳에 취업한 친구는 쉽게 꿈을 접어버렸다. 그 친구가 하는 말. "빨리 좋은 남자 만나서 결혼하고 싶다. 그래서 편히 살고 싶어." 직장에서 벗어나고 싶어서 결혼을 탈출구로 생각했던 친구다. 그렇게 결혼을 해선 절대 탈출구가 될 수 없다. 오히려 또 다른 족쇄가 되고 만다. 그렇게 생각할수록 정말 딱 그 정도의 남자를 만나서 쉽게 회사를 그만두고 살게 된다. 결국, 그 친구 지금은 "왜 자기가 그때 결혼을 결심했는지 모르겠어. 다시 돌아가면 절대 결혼을 이런 식으로 하고 싶지 않아. 일단 내 일의 기반을 다진 다음 결혼은 그때 가서 생각할 거야." 라고 한다. 결혼을 하면서 많은 것이 꼬여 버린 것이다. 자기 일도 제대로 못 하고 오로지 남자에게 충성할 요량으로 그 삶을 택했는데 그건 직장보다 더 힘든 공간이 돼 버린 거다.

자기 일을 회피하고 택한 결혼이기에 더 후회하고 있었다. 결혼은 자신이 중심이 된 다음에 추진하라고 권하고 싶다. 그래야만 자신이 꿈꾸는 가정을 꾸려 갈 수 있다.

'내가 중심이 된다는 것' 이건 일단 누가 뭐라 해도 흔들림 없이 내 자리에서 공부든, 일이든 제대로 소화할 수 있는 능력을 갖춰나가는 것이다.

내 일을 제대로 소화도 못하는데 이중 삼중의 일을 맡으면 결국 맡은 모든 일이 버거워지고 쉽게 무너지고 만다. 그리고 자신은 이런 일을 해내지 못하는 무능한 사람이라고 치부해버린다. 공부에서 무너지고, 직장에서 무너지고, 결혼을 택했다면 아마도 가정에서도 쉽게 무너져버릴지도 모른다. 왜냐하면, 당신이 선택한 것은 도피처로서의 결혼이었기 때문이다.

방송을 하면서 만나는 패널들은 대부분 자신의 삶을 아주 멋지게 꾸려가는 이들이 많다. 그들은 1인 3역을 문제없이 소화하고 산다. 사회적으로나, 가정으로나, 취미생활이나 아주 안정적으로 유지해가며 살아가고 있다. 이들의 노하우를 들여다보면 바로 '내가 중심이 되는 것'이 답이었다. 어떤 상황에서도 쉽게 흔들리지 않는 모습을 보인다. 아주 견고하게 자신을 꾸려가고 있기에 가능한 일들이다.

스스로 하고자 하는 일들이 흔들려 버리고 쉽게 포기해 버리면 이 또한 습관이 되는 것 같다. 포기하는 동시에 정당한 핑곗거리를 찾아서 또 다른 것으로 대체한다. 그렇게 선택한 것을 잘 소화할 리 없다.

✎ 내가 바로 삶의 중심

아는 여동생은 남자친구에게 혼을 쏙 빼놓고 다니느라 정작 자기 일에 집중하지 못한다. 그 모습을 보고 혼쭐을 낸 적이 있다. 한두 번은 귀엽게 보이지만 자주 그런 모습을 보면 이미 사람들은 '저 친구는 일보다 남친이 우선이구나.' 라고 단정 지어 버린다. 그래서 일을 맡기는 것을 피하려고 한다. 왜 남의 인생에 혼쭐까지 내느냐고 하겠지만 그만한 이유가 있다. 그 동생은 자신이 그렇게 남자친구의 문제로 하루를 소비하는지 전혀 의식하지 못하고 있었다. 그러면서 "언니 난 왜 일이 잘 안 풀릴까요?" 라고 종종 질문했었기 때문이다. 그건 "네 삶의 중심이 온통 남자친구에게 맞춰져 있기 때문이 아닐까? 그래서 일에 집중을 못 하니 무슨 성과가 있겠니?" 라고 말하곤 했다. 이 동생은 친해서 이런 말이라도 해주지만, 말 못하고 그저 그녀들의 삶을 관망하며 보고만 있어야 할 때도 잦다. 혹시 지금 이렇게 생활하고 있진 않은가?

내 옆에서 생활하는 동생이 "언닌 그 많은 일들을 어떻게 소화하며 살아요?" 한다. 그런데 거기에 대한 답도 역시 "바로 내가 중심"이 라는 거다. 내 일을 먼저 처리한 후에 그다음에 주어진 일도 잘해낼 수 있다. 하나도 제대로 못 하면 그다음 일도 허둥대서 그르칠 수 있다.

아마 내가 하는 방송 업무를 제대로 소화 못 하면서 결혼을 했더라 면 내 성격에 가정에서 남편에게 그 스트레스를 다 풀었을지도 모른 다. 거기다 아이까지 덜컥 낳았더라면 아이에게도 나의 불완전한 상 태를 그대로 보여줘서 엉망진창이 됐을지도 모를 일이다.

아마 그랬다면 이런 이유로 방송을 쉽게 포기했을지도 모르겠다. 그리고 내내 집안에서 살림하며 후회의 한숨을 쉬고 있는 내가 됐을 것이다. 내 역량을 알기 때문에 이런 상상을 한다. 앞서 말한 것처럼 천재성을 띤 슈퍼우먼이 아니라서 어떤 것이 우선해야 할지 생각하 며 움직였다. 그리고 난 후 지금을 보니 그 세 가지를 무리 없이 소화 할 수 있는 것 같다.

내 일을 제대로 못 했을 때 받는 스트레스를 집까지 갖고 가서 가 족들에게마저 피해를 준다면 두 마리 토끼를 다 놓칠 수도 있다. 두 마리 세 마리 토끼를 한꺼번에 잡는 사람들의 노하우는 일단 한 마리 토끼라도 제대로 잡을 줄 알 때 가능한 일이다. 그 방법을 익히고 나 면 두 마리 세 마리도 거뜬히 잡는 당신이 되어 있을 것이다.

지금 자신의 역할을 충실히 해낸 사람만이 그다음 일도 제대로 할 수 있다는 것을 꼭 말해 주고 싶다. 취업 준비생이 취업과 동시에 결혼을 준비하고 있다면 힘들지도 모른다. 어떤 것이 먼저여야 하고 집중해야하는지를 안다면 그다음 일들은 쉽게 풀릴 수 있다. 충분히 그런 능력을 가진 당신이다. 지금 뭔가 잘 풀리지 않는다고 놓아버리면 그 마음이 온몸으로 전염이 된다는 걸 잊지 말았으면 좋겠다.

1인 역할을 제대로만 한다면 3인 역도 문제없다. 다만 2인, 3인 역까지 완벽하게 해내려는 욕심은 내려놓는 게 좋겠다.

여유의 참 맛은 바쁠 때 드러난다

통찰은 쓰라린 경험에서 생긴다

가끔 나는 왜 이렇게 바쁜 걸까? 문득 자문할 때가 있다.

그런데 바쁜 스케줄을 소화하고 잠시 짬이 나는 그 순간의 여유가 진정 달게 느껴진다.

앉아 있을 틈도 없고, 휴대전화를 볼 시간도 없이 방송한다. 그리고 잠시 틈이 나면 강의안을 준비한다. 집에 가면 아이와 남편이 쌓아 놓은 일들도 처리해야 한다. 집안에서라도 누군가 내 일을 해준다면 하는 마음이 간절하지만, 그 또한 나의 일이다. 그래서 피할 길이 없다. 이런 바쁜 와중에 아이가 일찍 잠이라도 자준다면 얼마나 그 시간이 황금 같은지 모른다.

그런데 마음처럼 우리 아이는 일찍 자질 않는다. 늦게 퇴근하는 내 시간에 맞춰져 버린 거다.

간혹 대본을 봐야 하고 강의안을 정리해야 할 땐 아이를 업어 재우면서 해야 할 상황도 온다.

살포시 아이를 눕히고 살금살금 걸어 다니며 숨을 죽인 채 일을 볼 땐 내게 시간이 참 많으면 좋겠다 싶다. 아이가 깨기 전에 주어진 나의 30분이 어찌나 달콤한지 그야말로 꿀맛이다. 그 시간에 하고 싶었던 일을 자유롭게 해치운다. 커피 한잔을 마셔도 그 시간이 이렇게 달콤했나 싶다.

🖊 바쁠 때 찾는 여유

내게 한없이 여유로운 시간이 주어졌다면 절대 이런 기분을 느낄 수 없었을 것이다. 싱글일 때 집에 있으면 오롯이 내 시간이었다. 그랬음에도 이런 달달한 기분을 느끼지 못했다. 이런 짬이 귀하게 느껴지지 않았다.

요즘은 바쁨을 탓하지 않고 '바쁨이 여유를 빛내주는구나'로 생각을 고쳐먹었다. 그랬더니 내게 주어진 일들을 좀 더 기분 좋게 빠른 속도로 해치우게 됐다. 쓴 한약을 먹고, 꿀을 먹어봤나? 얼마나 달달하고 맛난지 모른다. 그런데 꿀을 먹고 단 과일을 먹으면 밍밍하다. 그 과일의 맛이 제대로 느껴질 리가 없다. 계속 꿀을 먹으면 속이 얼얼해진다. 심하게 단맛이라서 그런 모양이다. 인간에게 유익한 꿀은 적절하게 섭취해야 맛도 제대로 느끼고 건강도 챙길 수 있다. 꿀을 먹으면서 생각해봤다. 바쁜 와중에 느끼는 여유가 꿀을 먹는 타이밍과 참 많이 흡사하다고 말이다.

33살에 백수가 된 친구와 점심을 먹게 됐다. 땅이 꺼져라, 한숨 쉬며 밥을 먹는데 난 위로 하느라 밥이 코로 들어가는지 입으로 들어가는지도 모를 정도였다.

위로라고 내가 해준 말이 "그래도 늦잠 실컷 자니까 좋겠다. 쉬는 동안 확실히 쉬어라."였다. 그 당시 난 잠이 부족해서 미칠 지경이었을 때라서 그 친구에게 주어진 한없는 시간이 살짝 부럽기도 했었던 게 사실이다. 그 친구가 바로 얼굴을 잔뜩 찌푸리면서 답했다

"정말 자는 것도 지겹다. 시간을 주체할 수 없는 게 얼마나 짜증 나는지 몰라. 쉬는 게 쉬는 게 아니다. 일하면서 쉬는 게 진짜 쉬는 거지. 이건 할 짓이 못 된다."

그렇다. 한없이 주어진 쉼은 쉬는 것이 아니었다. 그건 오히려 스트레스가 될 수도 있겠구나 싶었다. 나의 바쁨이 감사하게 다가오는 순간이었다.

'쉬다'의 뜻은 피로를 풀기 위해서 몸을 편안히 둔다는 의미를 담고 있다. 그런데 그 친구가 느끼고 있는 쉼은 이 뜻과는 전혀 다른 것이다. 몸을 편안히 두긴 하지만 정신적으로 편하지 않기에 몸도 편할 수 없다. 그리고 스트레스를 받는다고 하니 피로가 풀리기보단 쌓이는 꼴이다. 우리는 '쉬다'란 단어 앞에 으레 '잠깐'이란 부사를 함께 사용할 때가 많다. 그건 쉬는 것이 오래 쉬는 것이 아니라 일을 계속하기 위해 잠깐 원기를 회복하는 짧은 시간임을 의미하기 때문이다. 그렇기에 마냥 주어지는 시간은 여유라고 할 수 없다. 그건 자칫 짐이 될 수도 있다.

🖊 적당한 휴식은 다음 일의 기를 보충해준다

쓴맛을 먼저 먹어야 꿀맛을 제대로 느낄 수 있다. 우리 삶 속에 계속 쓴맛만 있다면 고된 삶에 견딜 수 없을 것이며, 꿀맛만 있다면 삶의 깊은 맛을 모르게 될 것이다. 이 둘이 적절히 조합된다면 꿀맛을 느끼려고 의도적으로 취한 쓴맛의 진정한 의미도, 재미도 느낄 수 있겠구나 싶다.

그런데 뭐가 쓴맛이고, 꿀맛인지조차도 모르는 경우를 종종 접하게 된다. 이 경계를 안다면 쓴맛의 강도를 조절할 수 있지 않을까. 그리고 쓴맛을 무조건 탓해서도 안 될 것이다.

지금 '바빠서 못 살겠다'는 말을 입에 달고 살진 않는가? 그렇다면 분명 우리 삶의 꿀맛인 '쉼'을 줘야 한다. 그것이 여유다. 그런데 여유를 어떻게 만끽하는지 모르겠다고 한다. 느긋하게 생각하거나 행동하는 마음의 상태를 유지하는 것이 여유다. 우리의 생각만 잠시 느긋하게 내려놓는 연습을 해 보는 거다. 어떠한 행동보다 마음이 우선해야 한다. 마음을 의도적으로 일순간 느긋하게 내려 놓아보자. 그럼 행동도 그에 발맞춰서 움직인다. 그 모습을 보고 절로 나오는 표현이 '여유 있는 태도' 일 것이다.

지금은 백수를 탈출해서 바쁘게 지내고 있는 그 친구는 이젠 이렇게 말한다. "바빠서 못 살겠다." 라고. 시간이 많을 땐 많은 이유가 힘들게 한다. 그리고 일이 많을 땐 쉴 틈이 없어서 힘들게 한다. 이런 사람에게선 '여유 있는 태도' 는 찾아보기 힘들다.

같은 일을 해도 여유 있는 태도를 보이는 이가 있는가 하면, 산만하게 일을 처리하는 이가 있다.

이들은 아직 삶 속에서 꿀맛을 느끼는 타이밍을 찾지 못 한 건 아닌지 되돌아봤으면 한다.

쉼만 지속하여서도 안 되고, 바쁨만 지속하여도 안 된다.

쉼과 바쁨이 적절히 조화를 이룬 가운데 진정한 여유를 느낄 수 있다.

*

주어진 여러 역할을
재밌게 수행하는 방법

프로그램의 색깔, 콘텐츠 같은 특성에 알맞게 먼저 '콘셉트(어떤 작품이나 제품, 공연, 행사 따위에서 드러내려고 하는 주된 생각)'를 잡는 게 나의 일이다.

내가 진행했던 프로그램이 대략 이렇다. 〈뉴스〉, 〈랄랄라 영화 산책〉, 〈VJ세상보기〉, 〈세상발견 유레카〉, 〈문화향〉 등등이다. 이 프로그램들은 각기 다른 색을 갖고 있다. 어떤 프로는 무게감 있는 모습의 진행자로, 편안하고 부드러움을 요하는 진행자로, 상큼 발랄함이 필요한 진행자의 모습으로 각각 변신해야 할 때가 있다.

이럴 땐 의상과 메이크업뿐만 아니라 목소리, 표정, 몸짓까지 달리해야 한다. 처음엔 혼란스러웠다. '과연 내 색깔이 무엇일까?'하는 순간의 정체기도 있었다. 뉴스면 뉴스만 한다거나, 교양이면 교양만 하는 진행자이고도 싶었다.

그런데 지나고 보니 이 모든 것을 해보길 참 잘했다 싶다. 주어진 역할에 따라 콘셉트대로 움직여 보니 내 안의 숨겨진 무언가가 있었다. 뿐만 아니라 '그 콘셉트에 맞는 나'를 발견하는 즐거움도 느끼기 시작했다. 그 재미를 위해서 콘셉트 조정을 해야만 했다. 조정이 제대로 이뤄질 때 비로소 즐기게 된다. 맡겨진 일을 대충 흉내 내기 식으로 하고 끝내면 느끼는 정도도 딱 그만큼이었다.

일단 하기로 마음먹은 거라면 내가 할 수 있는 영역 내에서 콘셉트를 정하기로 했다. 발랄해야 한다면 발랄하게, 진중하다면 진중한 느낌, 지적인 이미지라면 지적임으로 확실한 콘셉트들을 만들어 보기 시작했다. 하루 대부분의 시간을 일하며 보내지 않는가? 그렇다면 그 일을 신 나게 해야 인생 대부분이 즐거웠다고 말 할 수 있을 것이다. 여러 개의 프로그램은 곧 나의 일이다. 그 일에 대한 콘셉트를 구체적으로 짜봤더니 과정까지도 좀 더 몰입하게 만들었다.

🖉 콘셉트처럼 사는 삶

하나의 콘셉트에서 빠져 나오면 또 다른 콘셉트로 들어간다. 그런 방식의 연속에서 난 생각해 봤다. 결국, 인생도 방송 프로그램처럼 여러 가지 역할극 속에 살아가고 있을지도 모른다는 생각이 들었다. 학생으로, 부모로, 선생님으로, 친구로, 선배로, 연인으로, 직장인 등의 역할로 살아간다. 하나의 역할에서 빠져나오면 또 다른 역할로 들어간다.

일관된 하나의 역할로 살아간다면 참 편하고 좋겠지만, 상황이 그렇게 놔두지 않는다. 더 안타까운 건 우리의 역할이 무엇인지도 깨닫지 못 하면서 그저 그렇게 살아가고 있다는 거다.

그래서 간혹 찾아오는 '색깔론 찾기'에 빠지기도 한다.

이 모임에선 굉장히 활발한 사람으로 기억하는데, 다른 모임에 가면 소극적인 사람으로 비춰지기도 한다. 이럴 때 문득 '진정 내 색깔은 뭘까' 막연하게 찾아드는 물음이 있다. 그러다 '나도 날 잘 모르겠다.'로 결론짓기도 한다. 이런 물음이 내가 여러 프로그램을 맡으며 찾아온 혼란과 비슷하다는 생각이 들었다.

삶이 한 가지 색깔만 있다면 얼마나 재미없었겠는가. 자신이 갖는 다양한 역할 속에서의 색깔을 제대로 컨트롤만 할 수 있다면 삶을 다양하게 즐기며 사는 기쁨을 누리게 될 것이다.

'제대로 컨트롤한다는 것은 뭘까?'를 생각해 봤다. 방송처럼 삶에서도 콘셉트를 정해본다면 어떨까. 콘셉트, 시나리오들이 군이 영화나 방송에서만 사용되라는 법이 있는가? 삶의 프로그램 속에서 저마다의 시나리오에 맞는 콘셉트를 설정한다면 그 과정마저도 즐겁고 기대될 것 같다.

그런데 흔히 콘셉트를 잡는 건 일에서만 하는 것으로 생각한다. 혹은 파티나 중요한 만남에서만 반짝하는 거라고 여긴다.

삶 속에서의 역할들을 떠올려 보고, 거기에 맞는 콘셉트를 정해 놓는다면 지금보단 충분히 즐기며 살아가지 않을까.

우리 부모에겐 난 아직도 마냥 어려 보이는 딸, 하지만 나도 어엿한 엄마의 모습을 갖고 있다. 두 가지의 모습이 간혹 어떤 게 진짜 내 모습인가 싶지만 이 또한 나다. 두 모습을 보지 못한 사람들은 끝까지 나의 모든 모습을 알지 못한다.

회사에서는 차분한 아나운서의 모습, 강단에선 에너지 넘치는 강사의 모습을 갖고 있다. 이 또한 모두 보지 못한 이들은 끝까지 나의 한쪽 면만 떠올린다. 예를 들어 '차분한 박근아 아나운서가 무슨 강의를? 강의할 스타일은 아니지 않나?'며 잘 믿지 않는다. 그런데 강의로 나를 먼저 본 사람들은 '저 강사가 뉴스를! 상상이 안 가는데. 개그맨 시험을 봤어야 하는 건 아닐까?' 라고도 한다.

눈으로 보기 전엔 잘 믿지 않는다. 가족마저도 잘 모르는 내 모습이 있다.

부모가 자식을 가장 많이 안다고 하지만, 정작 부모가 모르는 자식의 모습이 있다. 선생이 모르는 학생의 모습도 있다. 직장 상사가 모르는 부하직원의 모습도 있다.

✍ 각 역할을 제대로 인지하면 복잡하지 않다

이 모든 모습은 오로지 자신만이 알 뿐이다. 그리고 자신의 이런 다양한 모습을 혼란스러워 하기보단 제대로 살려서 즐길 궁리를 해보는 편으로 방향을 바꿔보는 거다. 우리 안엔 충분히 그런 능력이 숨겨져 있다. 단지 그 콘셉트 잡는 것 자체가 귀찮을 뿐이다. 학생들 앞에서 철저히 강사의 모습으로 변신하기 위해 나만의 콘셉트를 잡는다. 방송인으로 돌아왔을 땐 거기에 걸맞은 콘셉트를 잡는다. 가정으로 돌아갔을 땐 제대로 주부의 모습으로 변신한다. 집에서 난 아나운서도, 강사도 아니다. 내가 만들어 놓은 또 다른 주부의 모습으로 돌입한다. 내가 맡은 하나하나의 역할 콘셉트가 기다려지고 설렐 때가 더 많아지고 있다. 프로그램 성격에 맞게 의상, 메이크업, 목소리 톤을 바꾸듯, 삶의 역할극 속에서도 구체적인 콘셉트를 설정했기 때문이다.

인생의 여정이 늘 즐겁지만은 않다. 힘든 일이 우릴 더 압박할 때도 많다. 하지만 삶이라는 프로그램 안에서 콘셉트를 잡아 움직인다면 다소 힘듦의 무게를 줄일 수 있진 않을까.

각각의 역할에 콘셉트를 정확히 잡는다면 어떻게 행동해야 하는지를 잘 알고 있기 때문에 여러 역할이 충돌해 복잡해지는 것을 막고 해결책을 찾는 것이 한층 수월해 질 것이다.

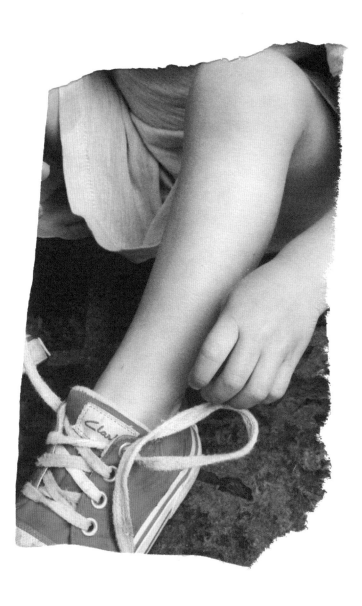

개성 있는 리모델링이 경쟁력을 키운다

통찰은 쓰라린 경험에서 생긴다

신혼을 보냈던 집이 팔렸다. 아이의 짐이 점점 늘면서 조금은 넓혀야겠다는 생각이었다. 그런데 이 집은 우리에게 그야말로 한땀한땀 수놓은 장인의 손길이 담긴 집과 같았다. 아주 낡은 아파트를 사서 구석구석 손을 안 본 곳이 없다. 디자인, 전구 하나, 수도꼭지 하나까지 거기에 맞춰 가구도 우리의 생각이 온전히 담긴 집이었다. 다소 작은 집이었지만 들어오면 포근한 카페 같은 집으로 만들고 싶었다.

신혼 땐 이처럼 달콤한 집에서 살고 싶었다. 그것은 나의 구체적인 생각들 중 하나였다.

막상 팔려고 하니 아깝다는 생각마저 드는 그런 집. 우리의 정성이 담겼기에 더욱 그러했다.

'가계 대출이 9년 만에 최고치'라는 기사를 보고 '음, 우리 집도 일조했구나~'라는 생각이 들던 때였기에 그 집을 갖고 있고 싶어도 도저히 그럴 수 없는 상황이었다.

그런데 이사하겠다고 마음먹고 집을 내놓자마자 일주일 만에 사겠다는 사람이 나타났다.

예상했던 것보다 굉장히 빠른 시간에 집이 팔렸다.

그 시점이 인근 같은 크기의 아파트들이 수개월째 안 나가고 있었던 때다. 그마저 안 팔리니 가격도 낮춰서 내놓기 시작했다.

그때쯤 불경기라며 매매가 거의 없다는 기사들이 방송에서 줄지어 나오던 시기였다.

우리 부부도 시기가 좋지 않아서 살짝 고민했지만 집을 사겠다는 사람이 보자마자 갖고 싶다고 하니 사겠다는 사람 있을 때 얼른 매매를 해버렸다. 아쉬움도 있었지만 더는 고민하지 않고 다음을 준비할 수 있게 돼 좋기도 했다.

🖊 리모델링은 비교우위

인근의 여타 아파트들을 봤더니 리모델링이 전혀 되어있지 않았다. 그러니 가뭄에 콩 나듯 보러 오는 사람의 마음을 사로잡지 못 했던 거다.

이미 이사 가려고 사놓은 집은 들어가지도 못하고 이자만 물어야 하는 이웃을 봤다. 이도 저도 아닌 답답한 상황에 눈물까지 보였다. 집이 온 가족의 문제 덩어리가 된 거다.

취업시장도 마찬가지인 것 같다. 불경기라 해서 구직이 힘들다는 요즘, 취업하는 학생들 보면 한 명이 여러 군데 합격하기도 한다. 그래서 골라 간다. 그들에겐 불경기가 전혀 문제 되지 않는다.

안 되는 학생은 만날 안 된다고 어깨 축 늘어져서 불안해하며 지낸다. 뭘 해도 안 되는 것 같고 그러다 보니 자신감은 자꾸 떨어지고 늘어나는 건 술값이고 뱃살이다. 그때라도 정신 바짝 차리고 변화하면 좋겠지만 이미 자신감이 바닥으로 떨어진 취업생들은 주워담기마저 힘들어한다. 불러주기만 하면 좋고 싫은 것 가리지 않고 얼른 가겠다는 마음뿐인 거다. 그런데 어디 세상이 그렇게 호락호락한가.

설령 그렇게 들어간 직장 얼마나 즐겁게 다닐 수 있을까. 그냥 마지 못해 의무감으로 아침마다 끌려가듯 나갈 것이다.

하고 싶은 일을 위해서 자신을 리모델링했던 사람들은 취업시장에서 눈에 띌 수밖에 없다.

기업의 CEO는 매달 자기 돈 주고 그 사람을 회사로 들이는데 당연히 제대로 리모델링된 사람을 뽑지 않겠는가.

이런 면에서 취업시장도 주택시장이랑 엇비슷해 보인다. 취업 시장에서도 매매가 이뤄지고 있다. 간혹 부동산처럼 인재를 연결, 소개해주는 업체들도 있다. 그 업체들마저 잘 리모델링된 인재를 가장 먼저 업체와 연결시켜준다. 우리 집 보여 줄 때도 부동산 사장님은 오래전부터 나와 있는 집보다 우리 집을 먼저 보여줬다고 한다.

🖉 가장 좋아하는 방향으로 리모델링을

원하는 직장으로 옮기고 싶어도 옮길 수 없는 직장인들도 많다. 맨날 그만두고 싶다는 말만 하고 다니는데 그런 사람 가만히 지켜보면 가장 오래 다니고 있다. 오히려 일 열심히 하며 자신의 능력을 쌓아서 조용히 이직하는 사람들이 있다. 이직도 정말 준비 많이 하고 오랜 고민 끝에 진짜 하고 싶은 일을 찾아 기분 좋게 나가는 거다.

그런데 투덜거리며 다니는 이들은 가고 싶어도, 준비해둔 것도, 하고 싶은 것도 없어서 정작 이직하고 싶어도 못 한다. 썩 맘에 드는 일을 하는 것도 아니니 회사 나오는 발걸음이 쇳덩어리 달아 놓은 것처럼 무거운지, 그러면 또 투덜대고 자신의 능력이 안된다는 것에 다른 사람들에게 괜히 성질 부린다. 악순환이 이어지는 직장생활이다.

처음 집을 리모델링할 때 굳이 왜 그렇게 하냐고들 했다.
하물며 리모델링 업체마저 우리 콘셉트가 대중적이지 않다며 핀잔을 줬다.

그런데 난 그렇게 하고 싶었다. 내가 사는 집, 내가 오랜 시간 머물 집이기에 제대로 리모델링하고 싶었다. 그냥 남들이 하는 것처럼 대충 깨끗한 벽지와 장판 정도만 바꾸지 뭘 그렇게 구석구석 신경을 쓰냐고 했다. 그렇게 했더라면 사는 내내 그리 기분이 상쾌하지만은 않았을 것이다. 그리고 주택시장에 내놓았을 때도 여느 보통 집과 다를 바 없어서 여전히 불경기 신세였을 것이다. 이사하고 싶어도 못 하고 짊어지고 있어야 할 상황에 처했을 수도 있다. 남들과 다른 나만의 스타일로 리모델링했을 때 더 경쟁력이 있었다.

사는 동안에도 나를 기분 좋게 해줬고 팔 때도 문제없이 팔렸던 그런 집. 그 집을 떠올리며 인생도 결국 나만의 색깔이 담긴 리모델링이 경쟁력이라는 생각을 해본다. 누구나 하는 정도의 리모델링이 아니라 조금 더 고민해서 체계성 있게 고쳐나가는 나만의 개성 있는 리모델링에 주력해보자.

사진_박근아

부러운 사람이 있습니까?

통찰은 쓰라린 경험에서 생긴다

지금 다니는 대학보다 더 좋은 대학 다니는 친구가 부럽습니까?

옆에 있는 애인보다 친구의 애인이 더 부럽습니까?

부모 잘 만나 쉽게 취업한 친구가 부럽습니까?

아르바이트 안 하고 편하게 학교 다니는 친구가 부럽습니까?

성형수술 잘된 친구가 부럽습니까?

부러워만 하다 하루를 다 보내는 경우도 있다.

수다 내용 뒤져보면 거의 대부분이 부러움에 관한 것들이다. 친구 부러워하다 연예인 부러워하기까지.

나 역시 그랬다. 그런데 지나고 보니 그 시간이 참 부질없게 느껴졌다.

그 시간에 '나'에게 집중해 보면 어땠을까. 부러워한다고 달라지는 건 아무것도 없다. 수다로 잠시 위안을 얻을지 모르지만 조금 후엔 어깨만 처지고 우울해질 뿐이다. 그럴 시간에 스스로 뭘 잘할 수 있을까? 뭘 해야 할까? 지금 당장 해야 할 것은 뭘까 하고 근본적 해결책을 고민하는 게 낫다. 그런 시간이 모이면 분명 목표를 설정하고 있는 자신을 보게 될 것이다.

내가 아는 동생은 내게 자주 물어본다.
"제가 어떻게 하면 잘 살까요?"
"넌 지금 충분히 잘살고 있어 그리고 더욱더 잘 될 거야"
이런 긍정적인 고민을 하는 사람 들여다보면 정말 하루를 이틀 삼일처럼 부지런히 살고 있음을 알게 된다.

미래의 자기 모습을 자꾸 그리니까 그렇게 되고 싶어진다. 그래서 자기도 모르게 질문이 나오는 것이다. 열심히 살다가 문득 이게 맞나 싶을 때 나오는 의문들이 있다.
그 동생과는 정말 긍정적인 고민을 서로 많이 토로하게 된다.
그리고 결과가 늘 좋았기 때문에 계속 이야기하고 싶어진다.
지금도 서로 응원하고 있다.

🖉 버려야 할 '부러워 콘셉트'

뒤에서 남을 부러워만 하는 시간 낭비하지 말고 자신에게 집중하자. '부러워 콘셉트'만 버려도 돈 들여 학원 가서 자기계발 안 해도 저절로 자기계발 되고 있을 것이다. 부러워서 자신도 그리 되고자 하는 동기부여 없이 한탄과 수다로만 끝내면 아무것도 얻는 게 없다.

물론 나도 여전히 누군가를 부러워한다. 방송 입문한 지 얼마 안됐는데 빛을 본다거나, 강의 시작한 지 얼마 안 됐는데 강의 일정으로 바쁜 사람들, 멋진 데스크에서 방송한다거나, 육아로 시간 뺏기지 않은 채 여유롭게 직장 생활하는 사람들을 보면 참으로 부럽다. 그런데 부럽다고 한탄해 봐야 아무런 득이 없다는 걸 알면서도 하게 된다. 그들의 삶이지 내가 아니니 그들의 삶을 한참이나 부러워하며 시간을 낭비할 필요가 없는데도 말이다. 오히려 배울 점이 뭘까 하는 시선으로 보는 것이 진정 나를 발전시키게 하는 시간이 되었다. 그렇게 시간을 사용하다 보면 어느날 당신을 부러워하고 있는 사람을 보게 될 것이다.

'랄랄라 영화 산책' 이라는 프로그램을 진행하다 클로징 멘트가 인상 깊어 메모해두었다.

'훌륭한 사람은 생각을 이야기하고,
보통 사람은 사건을 이야기한다.
그런데 저속한 사람은 남의 이야기 하는 것을 즐긴다.'

사진_박근아

*

롤 모델을 따라가는 두 가지 방법

통찰은 쓰라린 경험에서 생긴다

오랫동안 알고 지낸 두 명의 동생이 있다.

이 동생들이 내 옆에서 오랜 시간 함께 있다 보니, 내 생활을 유심히 지켜보면서 잘 따라와 준다.

고맙게도 둘은 내가 생활하는 대부분의 것이 옳은 길이라고 말해 준다. 내 나이가 되면 나처럼 살고 싶다 한다. 일에 대한 태도도 가정도 육아도 나 정도면 좋겠다고 한다.

그런 말을 들었을 땐 이렇게 봐주는 이들이 있고 따라오고 싶어 하는 동생들이 있어서 삶의 긴장감을 놓을 수가 없다.

더 생각하고 깨닫는 것을 공유하며 살아야겠다는 결심을 하게 만드는 동력이 된다.

심성이 착한 이 두 사람은 비슷한 듯 다르다.

둘 다 일로써 인정받고 싶어 하고 투자하는 것을 아까워하지 않는다.

내가 가는 길을 보면서 이들 둘이 이런 대화를 했다고 한다.

한 사람은 "뱁새가 황새 따라가다 가랑이가 찢어지니깐 천천히 찢어지지 않는 선에서 따라가고 싶어." 라고 말했단다.

다른 한 사람은 "난 가랑이가 찢어져도 따라갈 거야." 라고 했단다.

이 말들 속에서 둘의 성격 차이를 느낄 수 있다.

한 사람은 소심한 듯 끈기 있어서 단번에 결과물을 보여주지 않더라도 묵묵히 자기 일을 펼쳐 나간다. 이 동생에게 조언하면 스펀지처럼 쫙쫙 흡수한다.

다만 시간이 걸려서 조금 답답하긴 하지만 결국엔 해내고야 만다.

한번은 여유시간에 뭘 해야 할지 몰라 하기에 영어공부를 해보자 했다.

한참을 망설이기에 끊임없이 펌프질했다.

"제가 할 수 있을까요? 너무 어려울 것 같아요."

"어디 시험 볼 거 아니잖아, 일단 재밌게 좋아하는 부분부터 부담 갖지 말고 시작해봐. 넌 할 수 있어."

이 밖에 여러 가지 경험담을 퍼부으며 응원을 했다.

그랬더니, 그 이후 하루에 10분 혹은 30분정도를 꾸준히 책을 보며 영어에 대한 자신감을 키워 나갔다. 굳이 학원에 다니지 않아도 혼자 해낼 수 있다는 것을 몸소 보여주는 그 동생이 정말 대견하다. 그뿐이 아니다. 여타의 취미생활을 시작하면 끝을 볼 때까지 몰두한다.

무엇인가에 늘 조심스럽게 도전한다. 그리고 한시도 가만히 있질 않고 움직인다. 가방을 정리하거나 물품을 정리하거나 혹은 스트레칭을 하고 있다.

잠시의 틈도 주지 않고 몸을 움직이니 살 찔 틈도 없다.

나와 분야는 다르지만, 나의 생활 지침들을 자신의 업무에 늘 적용하려 하는 모습이 참으로 예뻐 보인다.

그렇게 천천히 자신의 길을 개척해가고 있다.

반면, 가랑이 찢어져도 따라가겠다 말한 사람은 끈기는 약하지만 옆에서 조금만 펌프질해주면 어디서 샘솟는 용기인지 저돌적으로 밀어 붙인다. 아주 잠깐 고민하다가도 그게 정답인 듯싶으면 능력을 순간적으로 발휘한다.

그런데 그게 오래가지 않으니 옆에서 지켜보는 나는 끊임없이 펌프질을 해줘야 하는 아쉬움이 있다. 끓어오르던 용기도 잠시 그 공간을 벗어나 다른 곳으로 이동하면 금세 잊어버린다. 가끔은 한말을 또 해줘야 하는 상황이 연출되니 다시 말해주기 싫을 때가 있어서,

"이제 그만 말하련다." 하면, "언니, 제 의지가 약한 거 아시잖아요. 저를 놓으시면 안 돼요." 라고 애교를 피운다.

"언니의 말은 녹음해서 계속 반복적으로 듣고 다녀야 해요. 그래야

제가 정신 차리죠."

넉살이 참으로 좋은 동생이다.

여하튼 자신을 알고 놓지 말라는 이야기를 하는 것이 참으로 귀엽고, 변화하고자 하는 마음이 읽혀 좋다.

가능성 없는 사람은 이 세상에 없다.

단지 자신들의 성격 탓하다 아무것도 못 하는 이들이 많을 뿐이다.

세상엔 저마다 각자의 성격이 있으니 성격대로 산다는 말도 나오지 않았겠는가.

하지만 그 성격에 맞는 길을 못 찾고 헤매는 경우가 너무도 많다. 그리고 자기 성격이 그러니 자포자기하고 도전조차 겁내며 포기하는 일이 많다. 가랑이가 찢어지든 찢어지지 않던 본인들이 그렇게 하고 싶은 일이 있다면 일단 길을 따라가고 있다는 것이 중요하지 않을까.

지금 헤매고 있다면 의심하지 말고 따라나서 보는 건 어떨까.

때로는 아예 그 길을 나서려 하지 않는 사람들이 많다. 그 길이 옳다 해도 그 길은 내가 범접하기 어렵다고 속단해버린다.

옳다고 생각한다면 한 번쯤 그 길이 어떠한지 경험해보자. 그렇게 가다 보면 진정한 자신의 길을 찾게 될지도 모른다.

나도 황새로 여겼던 어떤 이들의 삶의 지침들을 하나하나 흡수하며 내 길을 만들어가고 있다.

가능성 없는 사람은 이 세상에 없다

이 언니 참 좋다!

언니와의 인연은 2004년 6월쯤 시작되었다. 잊혀지지 않는 첫 만남이었다.

TV뉴스에 나오는 아나운서와의 만남은 정말 심장이 터질 것처럼 두근두근 대고 긴장되는 한편 설레는 감정마저 들어 뭐라 형언할 수 없는 복잡 미묘한 심정이었다.

서툴고 상기된 나를 온화한 눈빛으로 지켜보고는 같이 일해보자고 손내밀던 언니의 그 큰 눈이 아직도 생생하다. 세상을 다 얻은 것처럼 뛸 듯이 기뻤던 순간이었다.

하지만 언니의 눈을 제대로 볼 수 없었다. 그렇게 작은 얼굴에 왕방울만 하게 큰 눈을 갖고 있는 게 신기하기도 하고 또 활짝 웃으면서 애기하는데도 뭔가 모를 카리스마가 느껴졌기 때문이다.

그렇게 10년이란 시간이 흘렀다.

언니와 일하는 매 순간순간은 상상 이상으로 즐겁고 웃음이 끊이질 않았다.

현재의 언니 모습을 보면 다들 "와~ 부럽다~", "언니 정말 대단해요~ 와~" 하며 연신 감탄하고 부러워하는 눈빛이다. 옆에서 늘 같이 일하는 나도 언니를 보며 꼭 그처럼 되고 싶고 그렇게 살 수만 있다면 더 바랄게 없겠다고 느낄 정도로 멋진 인생을 살고 있다.

다른 이들이 봤을 땐 겉으로 보이는 게 마냥 부럽고 화려해서 왠지 쉽게 이뤘을 거로 생각할지도 모르지만 내가 아는 언니는 정말로 끊임없이 무던히 노력한다.

지난 10여 년간 언니는 늘 발전하는 사람이 되자고 외치며 자기계발을 쉬지 않았다.

똑같은 시간을 언니는 300% 이상으로 활용한다. 방송국에서의 모습은 얼마나 철두철미한지 모른다. 뉴스를 준비하는 모습도 한결같이 하나 흐트러짐이 없고, 늘 약간의 긴장을 품고 데스크에 들어가는 모습을 보면 이제는 베테랑인데 좀 느슨해져도 되지 않을까 라는 생각도 해본다. 그러면서도 웃음은 잃지 않고 게다가 개그 욕심은 어찌나 심한지 한 번 웃기면 끊을 생각을 안 하고 더 웃기고 싶어서 개그를 마구마구 던진다. 심지어 남이 던진 개그도 잘 주워 살린다. 집안일도 똑 부러지게 잘해서 내 집 드나들 듯 자주 가는데도 언제나 흐트러짐 없이 깨끗하게 정리정돈되어 있다.

어쩌면 언니의 호탕한 웃음과 개그가 좋아서 더 만나고 싶어 하는지도 모른다. 내가 좋아하는 일을 하면서 웃을 수 있어서 행복하다.

정확히 언제부터인지는 잘 모르겠지만 언니처럼 살고 싶은 욕심이 생겨 따라 하려고 노력했던 때가 생각난다. 이럴 땐 이렇게 저럴 땐 저렇게 마치 공부하듯이 외우면서 나의 생활습관을 바꿔왔었다. 다행히 언니가 여태까지 내 손을 꼭 잡고 이끌어준 덕분에 지금의 나로 성장할 수 있었던 것 같다.

여러 사람을 만나도 웃음 잃지 않고 큰소리로-남자 못지않게- 우렁차게 인사를 하는 모습, 예정보다 조금 더 일찍 일어나서 커피를 마시며 그날 일과를 생각하고 정리하는 모습, 어떤 고민이 생기더라도 마지막은 항상 긍정적으로 생각하는 모습, 늘 손에서 책을 놓지 않고 습관처럼 공부하는 모습……. 모두 언니의 일상 모습이다.

십 수년간 쌓아온 베이스가 있어서인지 지금의 언니는 누구보다도 빠르게 나아간다. 그 빠른 전진에 발맞추려 난 오늘도 공부한다. 나의 즐거움이자 꿈이다!!

나의 손을 거쳐 최고의 스타일링이 완성되고 화면에 비춰진 언니의 모습이 베스트일 때면 얼마나 기쁘고 황홀한지……. 그 맛을 알기에 머리와 몸이 부서져라 고민하고 뛴다.

늘 고마움을 표현해주는 언니. 하루에도 칭찬을 얼마나 많이 해주는지. 몸과 마음을 업시켜 주고 춤추게 한다.

그런 칭찬을 항상 서두에……. 그러면서 조금 부족한 부분은 부드럽게 얘기해주는 센스쟁이!

이럴 때 진정 나를 아끼는 맘이 느껴진다.

더 발전할 수 있게 늘 고민과 창의력을 유발하는 공부유발자!

그래서 가끔은 언니와의 일이 없는 날도 언니를 만나러 간다.

늘 노력하고 진취적인 삶을 사는 그런 언니가 옆에 없을 땐 나도 모르게 한 템포 느려진다. 게을러지고 나태해진다. 그러다 며칠 후 언니와 일을 하면 또다시 찾아오는 뒤처진 느낌!

후회와 반성을 여러 번……. 그러는 동시에 또다시 자극받아 앞으로 나아갈 수 있는 원동력이 된다. 그런 언니가 옆에 없었다면 나는 그냥 그저 그런 상태로 살고 있었을 것이다.

주체적이지 못한 채 주변에 쉽게 흡수되어 버렸을 것이다.

언니와 함께 일하는 게 얼마나 행운이고 행복인지 모른다.

잠깐 언니와 떨어져 일을 한 적이 있다. 1년 정도를~

그곳에 적응하느라 처음엔 언니의 빈자리를 잘 느끼지 못했다. 3개월도 채 되지 않았을 무렵…….

몸은 기계처럼 일하느라 지치고 시간적 여유도 없었던 때였다.

마음 전체가 너무너무 공허했다. 내가 뭘 하고 있는 건지 뭘 이루고자 이렇게 달리고만 있는 건지……. 전에 언니랑 같이 일했을 때는 가끔은 몸이 힘들어도 마음과 머릿속은 늘 즐겁고 달달했는데 지금은 과연 뭔가……. 이렇게 과연 얼마나 오래 버틸 수 있을까???

그때 참 많이 느꼈다. 좋아하는 일을 하는 것도 중요하지만 옆에 누가 있느냐에 따라서 인생이 정말 많이 달라질 수도 있겠구나 라는 생각을 했다.

다시 언니와 손을 잡고 일하는 지금……. 난 어느 때보다도 행복하고 하루하루 일하는 게 꿀맛이다.

이 책은 브라운관속 카리스마 넘치는 아나운서의 모습이 아닌 동시대를 살아가는 같은 여자 입장에서 써내려간 책. 꿈을 향해 전진하다가 주춤하고 있는 젊은이들이 한 페이지씩 읽어내려가다 보면 마음과 머리에서 뭔가 울림을 느끼게 될 것이다.

내가 지난 10여 년 동안 동고동락하면서 보고 느끼고 배운 어마어마한 인생지침들! 이제 한권의 책으로 만나볼 수 있게 되었다.

일과 사람을 대하는 태도에 있어서 언니는 나의 롤모델이자 서로 상생하는 멘토와 멘티다. 언니는 항상 미소를 짓는다. 또 자신의 일을 무엇보다 소중하게 생각한다. 나는 지금까지 언니만큼 열정과 관심을 가지고 일을 하는 사람을 본 적이 없다.

부족한 동생들을 항상 건사하느라 맘고생이 많을 언니~ 여태까지 우리를 이렇게 끌어올려 줘서 정말 고마워요~ 언니의 조력자가 되고자 열심히 노력하고 공부합니다.

−메이크업 아티스트 동생 홍광형

Chapter06
숙련자로 가는 길

244-**279**

대체불가
의기소침 기회
인정받기
힘빠져!
뜨거울때
99+1。

*

'대체불가'한 사람이 되는 방법

순련자로가는길

'든 자리는 몰라도 난 자리는 안다', '구관이 명관이다'는 말은 누구나 한 번쯤 듣고 싶어 한다. 하지만 누군가 대신해도 충분할 정도로만 일했다면 절대 이런 말을 들을 수 없다.

'난 자리'를 그리워하게 만드는 사람이 있는가 하면, 금세 잊혀서 '든 자리'를 크게 만드는 사람도 있다. 오랜 직장 생활을 하면서 그 위치가 높든 낮든 그런 마음을 들게 하는 사람을 유심히 보게 됐다. 그들의 공통점은 바로 '서비스 마인드'였다. 주어진 기본 업무만 해내는 것에 그치지 않고 그 이상의 도움을 줬을 때 함께 하는 사람들은 감동한다. 흔히 서비스 마인드는 서비스업 종사하는 사람들만 가져야한다고 생각한다. 하지만 어느 직종에서건 서비스 마인드를 겸비해준다면 상황은 확연히 달라질 게 분명하다.

📎 서비스 마인드

　나의 메이크업을 8년여 동안 담당했던 동생은 메이크업을 넘어선 그 이상까지 신경 써준다. 내가 좋아하는 커피가 뭐며, 방송 시간에 쫓기면 대본을 받아서 갖다 주기, 피곤해 보이면 어깨 두드려 주기, 메이크업 제품이 다 떨어지면 대신 구매해주기 등등을 도맡아 해준다. 이 모든 것을 신경 쓰려면 다른 이보다 더 생각하고 부지런해야 한다는 것을 안다. 메이크업이 조금 부족할 때가 있어도 이렇게 사람을 감동시키는 무언가가 있기에 다른 사람이 아닌 오로지 그 동생과 함께 일하고 싶은 맘이 절로 들게 한다.

　분명 메이크업만 하고 끝내도 어느 누가 뭐라 하지 않는다. 내가 알던 다른 메이크업 아티스트들은 딱 그 정도만 했다. 흔히 일을 하게 되면 그 일만 내 일이고 나머지는 신경 쓰고 싶지 않아 하는 게 보편적이다. 그런데 생각만 조금 바꾸기 시작하면 자기 일과 연관된 일들이 무궁무진하다는 것을 발견한다.

　나의 일도 마찬가지다. 뉴스 데스크 들어갈 때 큐시트를 카메라 감독에게 주는 일은 나의 일이 아니었다. 그런데 주는 것을 넘어서 카메라 방향 쪽에 걸어두기 시작했다. 데스크에 올려놓은 컵이나 물품들도 보이면 치우기도 했다. 간혹 기사가 빠지면 조용히 직접 출력도 했다. 이런 게 뭐가 큰일이냐 싶겠지만, 실제 이러한 일들을 모두 자기 일 아니라고 생각하며 시키는 사람들도 많이 봐왔다. 그런 모습을 보면서 내가 조금만 부지런히 생각하고 움직이면 그게 내 일이 되고 나의 필요성을 느낄 거라는 방향으로 흐르기 시작했다. 뭐하러 안 해도 되는 일을 하느냐고 반문하겠지만, 이 작은 차이는 다른 사람과의 차별성을 준다.

행사 섭외 요청으로 나갔을 때도 서비스 마인드를 작동시켰다. 시나리오대로만 진행하고 오는 사회자가 있는가 하면, 난 그 이상의 서비스 멘트를 준비해가서 전해줬다. 그러니 다른 진행자가 대신 그 자리에 왔을 땐 비교가 되는 모양이었다. 그래서 '난 자리'에 허전함과 아쉬움을 느끼고 다음엔 꼭 나를 찾게 되는 상황을 여러 번 겪었다.

'주어진 내 일을 어떻게 더 빛내고 나만의 필요성을 느낄 수 있게 만들까'는 사실 조금 더 생각하는 데서 차이가 생긴다. 같은 대본이 주어진다면 그 대본을 누가 더 소화를 잘하는가에서 비교우위가 드러난다. 그렇다면 그 대본의 맛을 잘 살려 행사를 성공으로 이끄는 조금의 노력을 더 기울이는 사람에게서 비범함이 부각되지 않을까? 그런데 보통 우리는 적당히 주어진 일만 하고 멍하니 시간을 보내는 경우가 많다. 그렇게 충실히 했는데 왜 자신을 해고하며, 인정해 주지 않는지에 대해 한탄한다.

🖋 조그만 차이를 만드는 데부터 시작한다

한 때, 이사를 해야 하는데 그 순간 우리를 망설이게 하고, 이사 후에도 내내 떠올리게 되는 분이 있었다. 바로 그 아파트 입구를 지켜주시던 경비 아저씨였다. 한결같은 마음으로 늘 멋진 아침 인사 멘트로 활기차게 맞이해주시는가 하면, 무거운 짐이라도 있으면 집까지 들어다 주고, 친인척의 얼굴까지 외워서 인터폰으로 일일이 알려주셨던 분이다. 이런 분이 또 있을까 싶을 정도였다. 교대 근무라서 혹여 그분이 없다면 바로 그 자리가 그립게 만드는 그런 경비 아저씨였다. 그냥 경비실만 지켜도 누가 뭐라 하지 않을 텐데 부지런히 움직이며 소임 이상의 일들을 하셨다. 함께 하던 다른 분 중에는 줄곧 졸고 있는 모습만 인상에 남았다. 그러니 자연스럽게 경비실만 지키던 분들은 종종 바뀌곤 했다. 반면 서비스 마인드 가득 담아서 열심히 한 경비 아저씨는 줄곧 주민들을 감동시키며 그 자리를 지켰다.

'난 자리' 효과를 만들고 싶다면 '어떻게 하면 상대방이 더 편안함을 느낄 수 있을까'하는 '서비스 마인드'를 작동시켜 보라고 권하고 싶다. 그럼 지금 당신의 자리를 어느 누가 대신하긴 어려울 것이다. 혹은 대신해도 당신을 잊지 못해서 꼭 다시 찾게 될 것이다. '대체불가'한 사람은 이렇듯 조그만 차이를 만들어 내는 것에서부터 시작한다.

*

어느 날,
나를 주눅 들게 만드는 사람이
나타났습니까?

"뛰는 놈 위에 나는 놈 있다. 넌 나는 것 같아? 뛰는 것 같아?"
라고 물었더니 "멈춘 것 같아요." 라고 말하는 후배가 있다.
"왜 그렇게 생각하지?"
"뛰고 있는 것 같았는데……. 날고 있는 사람들과 거리가 멀어도 너
~무 먼 것 같아서 순간 무서웠어요. 그래서 아무것도 할 수 없을 것
같은 마음이에요"

2012년, 싸이의 〈강남 스타일〉이 난리였다. 뮤직비디오가 유튜브
에서 그야말로 '빵'하고 터져서 저 먼 미국 땅까지 노래와 춤 따라 하
기 열풍이 일었다. 나도 그 노래를 들으며 기분 좋아했다. 라디오에
서 오랜만에 나와서 반갑게 듣던 중에 '뛰는 놈 위에 나는 놈'이란

가사가 나와서 후배에게 던진 말이었다. 슬럼프에 빠진 것으로 보여서 던진 말이기도 했다.

열심히 뛰고 있는 것 같은데 당장 성과물도 없고 나보다 앞서는 사람은 심하게 멀리 가있는 것 같아 초조해했던 적이 한 번쯤 있었을 것이다.

그 사람과 나와의 거리를 자꾸 떠올리다 보면 의욕 상실에 슬럼프도 찾아와 자신감이 떨어져 아무것도 할 수 없을 것 같다.

그런데 그 거리만 생각할 것이 아니라 "그 '나는 놈'은 과연 어떻게해서 날게 된 걸까?"를 고민하면 답이 보일 때가 있다.

그냥 마냥 날고만 싶다고 생각만 해서는 쉽게 날 수 없는 현실이 답답하기만 할 것이다. 그럴 때는 시간이 걸릴지언정 '나는 놈'을 관찰해보는 거다.

관찰하다가 좋은 점을 발견하여 자신의 것으로 만들다보면 어느 순간 함께 날고 있는 자신을 발견하게 될 것이다.

🖉 나는 놈 벤치마킹

그 후배는 일을 하면서도 시큰둥하고 눈빛도 살짝 풀려 있어 활기없어 보였다.

왜 그런가 했더니 새로 들어온 경력직 동료가 정말 잘한다는 거다.

그런 활약상을 보니 자신의 자리가 자꾸 좁아지는 것 같고 늘 자신보다 앞서 생각하고 있는 것이 속상했다고 한다. 그 동료는 나무랄데 없으니 자주 칭찬을 받게 된 반면, 후배는 비교 대상이 되면서 꾸지람을 들었다. 이런 과정이 견디기 힘들었던 모양이다.

그런데 과거에 다른 동료와 있을 땐 꼭 반대의 상황이었다. 그땐이 후배가 앞서 생각하고 실천했다. 자신이 '나는 놈'이었던 것이다.

"너, 그땐 뛰는 놈 심정 몰랐지? 그리고 그때 네가 어떻게 '나는 놈'처럼 보였는지 생각해봐. 그럼 보이기 시작할 거야."

"네. 그랬네요. 그땐 제가 인정받는 것 같고 잘하고 있는 것 같아서정말 좋았어요. 그런데 거기에 적응돼서 지금 이 상황이 혼란스러웠어요."

조직엔 늘 이렇게 생각지 못한 '나는 놈'이 등장한다. 자신이 '나는놈'이라 생각했는데 일순간 위치가 바뀌는 것이다. 이런 순환관계는지극히 정상적이며 흔한 일이다.

그래서 이걸 극복하지 못하면 늘 밑에서 힘겹게 '뛰는 놈'이거나'멈춘 놈'이 되고 만다.

'이 정도만 해도 난 날겠지' 라는 착각에 빠져 있을 때 새롭게 등장하는 '나는 놈' 때문에 슬럼프에 빠지게 되고 받아들이기 어려운 상황이 된다.

자신감이 추락하면서 급기야 '난 해도 안 되는구나.'하는 자포자기 심정과 맞닥뜨린다. 그래서 더 가기가 무서운 것이다.

그 후배가 뛰다 멈춘 이유도 '나는 놈'들이 자꾸 생겨나고 그들을 뛰어넘을 수 없을 것 같은 불안감 때문에 무서웠던 것이다.

어찌 늘 위만 보고 살 수 있겠는가. 간혹 그렇게 힘겨울 땐 느리게 걷고 멈춘 이들의 심정도 들여다보면 위로가 될 때가 있다.

그런데 위로를 오래 하면 그건 위로가 아니다. 위로하면서 일어설 힘을 얻으라는 것이다.

그래서 입장을 바꿔 놓고 생각해보라는 것이다.

"날고 있을 때 뛰는 사람이 어떻게 보였는지. 그때 네가 뛰는 동료 보고 조금만 이렇게 하면 달라질 텐데하고 네 입으로 말했던 것을 해 봐! 그럼 넌 다시 기운이 생길 거야."

🖉 나의 분투기

아주 작은 시골학교, 초등학교 5학년 때 분교가 됐으니 분교라 해 야 맞겠다.

그곳에서 난 '나는 놈'에 속했다. 1등을 놓치지 않고 회장까지 하면서 신 나게 날고 있었다. 그런데 읍내 중학교로 나오면서 접힌 나의 날개를 봤다. 큰 초등학교에서 들어 온 무리의 학생들, 그들의 대부분은 여러 종류의 학원들을 다니는 학생들이었다.

밭과 논이 놀이터였던 난 학원의 문턱도 가보지 않은 상태였다. 그 무리의 학생들 사이에서 화려하게 날고 있는 학생들도 눈에 띄었다. 나와의 거리는 커 보였다.

첫 배치고사에서 썩 좋지 않은 점수를 받은 건 당연지사였다.

자존심이 어찌나 상하고 인정하고 싶지 않던지.

실장선거가 있던 날,

소수의 내 분교 학생들 지지에 힘입어 다시 날개를 힘차게 펴려고 다짐했던 것 같다. 그래야만 내 자존심도 내 날개도 펼 수 있을 것 같았다. 그때 어디서 난 용기인지 자신감에 찬 눈빛과 목소리로 내가 실장이 돼서 반을 이끌고 가겠다고 말했다. 날개를 찾고 싶었나 보다.

그 맘을 알아줬는지 반 아이들이 날 선택했다.

반쪽 날개를 찾고 다른 반쪽 날개를 찾으려고 다른 아이들보다 잠을 줄여가며 공부했다.

그래야 따라갈 수 있었다. 그렇게 중학교 시절 양쪽 날개를 되찾을 수 있었다.

그 후 고등학교로 와보니 날고 있는 아이들이 더 많았다. 시골에서 온 나는 어찌해야 할 줄 모를 정도로 혼란스러웠다.

이대로 멈추고 싶지 않았다. 중학교 때처럼 처음 도약이 힘들지 부딪혀 보면 분명 될 거라는 생각이 강했다. 그 노력의 강도는 더 큰 무리에 속하니 배로 강했다. 하지만 거기서 꺾이면 난 주저앉고 말 것 같았다. 날고 있는 아이들의 장점이 뭔지 관찰하고 따라 하고 더 생각했다. 그랬더니 점점 날개를 찾고 있었다. 이런 습관이 지금의 나를 만들었다.

✎ 다시 날려면 일단 뛰어야 한다

아마 이런 과정에서 멈춘 이들이 더 많았을 것이다. 능력이 있음에도 날고 있는 이들이 두려워서 더 나가지 못했던 경우. 그래서 현재를 한탄하며 뭔가 풀어내지 못한 숙제를 안고 살아갈 것이다. 날고 있는 이들을 부러워만 하면서. 혹여 지금껏 그런 생각이었다면 지금도 늦지 않았다. 숨겨둔 날개를 천천히 펴보자.

후배는 하루 종일 고민하더니 그 다음날 백팔십도 바뀐 모습으로 나타났다. 활기에 찬 목소리로 콧노래도 부르며 일도 찾아서 척척했다. 칭찬이 절로 나왔다.

"그것 봐라! 생각하니깐 다시 뛸 수 있겠지? 그러다 날고 있을 날이 곧 올 거다."

멋있어 보였다. 멈출 수도 있었을 텐데. '뛰는 게, 나는 게 뭐라고'
포기하고 싶었을 텐데. 다시 일어서서 능력을 보여주는 모습이 멋있
어 보였다.

이 정도면 됐다 싶을 때 나타나는 새로운 '나는 놈'들 너무 의식하
지 말자. 뛰다가 날 때도 있고 다시 뛸 때도 있다. 비행기가 뜨려면
빠른 속도로 활주로를 달려서 추진력을 받아야 한다. 그래야 날 수
있다. 날려면 우선 뛰고 있어야 한다. 가속이 붙고 추진력을 받으면 날
수 있다.

'나는 놈'과의 거리를 의식하면 그 후배처럼 멈춰버리고 싶은 마음
이 생긴다.
'나는 놈'의 장점을 유심히 관찰하면서 내 것으로 만들고 함께 날아
갈 생각을 하는 건 어떨까.

최고의 기회는 최악의 타이밍에 온다

"노력이 기회를 만났을 때 운이라고 말한다." 라는 말은 바로 이럴 때 쓰는 것 같다.

2012년 말, 천만을 돌파한 영화 중 하나가 바로 〈광해, 왕이 된 남자〉다. 이 영화는 광대로 삶을 살던 가짜 광해가 진짜 광해의 부름을 받고 왕 역할을 대신하는 과정을 보여준다. 영화는 상상력을 가미해 역사상 폭군의 이미지가 강한 광해 이외에도 후세에 좋은 평가를 받고 있는 성군 광해의 면모를 보여주기 위하여 실록의 짧은 공백이 있던 그 시간에 가짜 광해를 투입하여 선정을 베푸는 왕의 역할을 맡김으로써 논란에서 자유로워진다.

이 영화를 본 어떤 이가 "그래, 영화니깐 가능한 일이야. 어떻게 일반인이 저렇게 진짜 왕보다 더 진짜처럼 왕의 역할을 훌륭하게 소화할 수 있겠어. 그래 영화니깐." 하고 이야기하는 것을 들었다. 물론, 영화이기에 가능한 일이기도 하다. 하지만 난 이 영화 속에서 우리가 살아가는 삶의 동시성을 봤다.

가만히 들여다보면 '가짜 광해' 하선의 삶이 보인다. 그냥 저냥 살아가는 광대가 아니다. 아주 열심히 왕의 역할극을 연습해서 관객들에게 웃음 주며 양반들이 왜 조롱받는지를 알고 있다. 게다가 자신이 힘든 소외계층이므로 그들의 애환도 잘 안다. 이미 왕의 역할을 무대에서 충분히 연기 해왔고 광대라서 따라 하는 연기에 매우 능하므로 그 기회가 왔을 때 두렵지만, 충분히 소화해 낼 수 있었던 것이다.

막상 "해보라" 할 때 뒷걸음칠 수 있다. 극 중 하선도 그랬다. 그러나 두렵지만, 그 기회와 맞선 가짜 광해의 모습이 인상 깊었다.

만약 아무리 닮았다 한들 왕의 역할극을 해본 유능한 광대가 아니었다면 상황은 완전히 달라졌을지도 모른다. 우리는 누군가가 잘해 냈을 때 그건 '그 사람의 운' 이라고 간주한다. 운이 좋아서 기회를 만났고 그래서 그 자리에 갈 수 있었다고 수군댄다.

📎 싸이의 기회

　가수 싸이를 두고 "운이 좋았다"고 말 할 수 있을지도 모른다. 싸이를 들여다보면 대중들이 신경 쓰고 있지 않은 상황에서도 그만의 독특한 음악을 만들고 있었고, 그만의 노력이 있었기에 빌보드 차트 2위라는 기록도 가능했다. 그리고 미국에서 음악공부 한 것이 헛되지 않았음도 보여줬다. 예전엔 싸이가 버클리 음대를 나왔다는 것이 개그 소재였다. 한국에서 댄스가수 할 거면서 뭐 하러 버클리 음대까지 갔느냐는 비아냥거림이었다. 하지만 외국 방송에서 유창하게 영어로 소통하는 기회가 올 줄 누가 알았으랴. 이 아이러니한 상황이 〈강남스타일〉이 오랫동안 빌보드 차트에 머무는데 일조하게 되었으니 새옹지마라고 할 수 있겠다. 소통할 수 있는 능력을 갖춘 것이 자신의 음악을 알리게 되는 능력으로 작용한 것이다.

　그간의 싸이에 대한 여러 논란도 있었지만, 고난을 정면 돌파하고 먼 나라 스타들과 어깨를 나란히 하는 모습을 보면서 사람들의 비난도 잦아들었다. 그리고 훌륭하게 그 자리를 소화하고 있는 우리나라 가수를 보며 뭉클함도 느낀다고들 한다.

　광해와 싸이 이 둘은 가만히 있었는데 혜성처럼 나타나서 그 자리를 훌륭하게 소화한 이들이 아니다. 이미 숱한 연습의 시간이 있었고, 마침내 기회를 만나 능력이 만개한 것인데 운으로 작용하는 것처럼 보인 것이다.

물론 숱한 연습을 해도 기회가 안 오면 어쩌지 하는 이들도 있을 것이다. 이런 의심은 불필요한 걱정이다. 하고자 하는 것에 몰두해서 전진한다면 어디선가 기회가 올 것이라고 믿는 편이 낫다. '절호의 기회는 최악의 타이밍에 찾아온다'는 말이 있다. 기회가 크든 작든 준비를 꾸준히 해왔다면, 안 좋은 타이밍에 기회가 오더라도 잡아채서 커다란 성취를 이루게 될 것이다. 가짜 광해가 진짜 왕보다 더 진짜 왕이 될 수 있었던 것처럼, 싸이가 어느 누구도 예상하지 못한 빌보드 차트에 올랐던 것처럼 말이다.

바로 당신이 기회를 만난 사람이 될 수 있다.
기회를 만난 이들이 과거에 겪어온 과정을 들여다보자! 현재의 결과만 본다면 의기소침해질 수 있다.

🖉 해보기 전엔 모른다

광해와 싸이를 보면서 또 한 번 느낀다. 누군가의 길을 쉽게 속단해선 안 된다는 것을. 그게 자신이든 주변 사람들이든 쉽게 말할 수 있는 건 아니다. 해보기 전에는 할 수 있는지 잘 모른다. 과연 내가 잘할 수 있을까! 라는 생각에 휩싸여 고민하게 된다. 그리고 주변도

의구심 어린 눈으로 본다. 이것을 불식시키는 것 또한 바로 자신밖에 없다. 해보기 전에 이런저런 잡다한 고민으로 포기하지 말고 일단 해보자! 해보면 그때 당신이 뭘 해야 할지를 알게 된다. 안 해본 자는 모른다. 해본 자만이 아는 영역이기 때문이다.

인정받고 싶지 않은 사람 있습니까?

은퇴한 박찬호, 은퇴하고 맨유 엠버서더에 위촉된 박지성, 빌보드 싱글 차트 2위를 달성한 싸이 그리고 나.

이들의 공통점은?

'박'씨 성이다. 이들이 박 씨 성이라는 것에 괜히 묻어가고 싶은 마음이다.(싸이 본명 박재상) 여기까진 농담이고, 애초에 말하고자 했던 중요한 공통점은 가까이에서 알아주기보다 멀리에서 먼저 알아준 사람들이라는 것이다. 물론, 나는 이들 사이에 버젓이 끼기엔 아직 멀었다.

이들의 이력은 굳이 말하지 않아도 대한민국 사람들이 거의 다 알고 있을 것이다.

박찬호는 강속구를 던질 줄 아는 가능성만 있는 선수였는데 미국 메이저리그 스카우터가 그의 잠재력을 높이 사 영입하면서 한국에서도 점점 조명받기 시작했다.

박지성은 능력은 인정받았지만, 국내 프로팀에서 좋은 계약조건을 제시하지 않았는데 일본에서 알아보고 영입했다.

싸이는 군 복무 관련 물의를 일으켜 재입대할 때, 아마 누구도 이렇게 화려하게 재기할 거라 예상하지 못했을 것이다.

이들은 한국에서 커다란 주목을 받지 못했지만, 자신이 틀렸다고 포기하지 않고 꿋꿋이 그들만의 길을 갔기 때문에 결국 타국에서 알아볼 수 있는 기회를 얻게 된 것이다.

🖉 누구나 인정받길 원한다

나도 처음 가족들에게 아나운서 시험을 보겠다고 했을 때, '네가 무슨' 이런 반응이었다.

그땐 '왜 나를 몰라줄까' 라는 생각이 가득했다. 몰라준다고 포기했다면 지금의 내가 없었을 것이다.

그 누가 알아주지 않더라도 나 자신의 능력을 믿고 싶었다. 그런데 막상 그 순간에는 이런 생각을 갖기란 정말 쉽지 않다. 가장 가까이 있는 사람도 나를 몰라주는데 당장에라도 포기하고 싶은 심정이 들게 마련이다.

하지만 대학 졸업 즈음에 앞에서도 언급한 같은 과 언니가 해 준 말이 큰 힘이 됐다.

"네가 처음에 아나운서 하겠다고 말하고 다닐 때 조금 황당했었어. 네가 어딜 봐서.(상당한 미모를 자랑하는 언니였기에 더욱 그렇게 보였을 듯) 그런데 졸업할 때쯤 보니 내 생각이 틀렸다 싶다. 지금은 정말 아나운서랑 비슷해 보여. 분명 넌 잘 될 거야."

내가 처음 아나운서 한다고 떠들고 다닐 때, 주변 사람들의 반응이 시큰둥했던 게 사실이다. 하지만 몇몇 위로가 없었더라면 다수의 부정적 반응을 이겨내기란 쉽지 않았을 것이다. 사실 우리는 매일 매일 누군가에게 작은 일이던 큰일이든 인정받고 싶어 한다. 인정받고자 하는 욕구가 있다는 것은 주위를 의식한다는 것이다. 아기를 키우면서 더 느낀다. 사람이기에 저 감정은 타고나는 것 같다는 것을. 아기가 블록을 쌓고 엄마에게 달려와서 자랑한다. 봐달라는 것이다. 잘했다고 칭찬해 달라는 의미다. 밥을 깨끗하게 먹고 말한다. "엄마 봐 바 봐. 다 먹었다." 잘 먹었다는 것을 알아달라는 것이다. 이렇게 사소한 것들부터 우리는 인정받고 싶어 하는 감정이 어릴 적부터 잠재해 있다. 뭔가 알아주길 바라서 했는데 알아주지 않으면 다시는 물어보지도, 하지도 말아야겠다는 생각이 불쑥불쑥 든다.

🖉 인정받고 싶지 않은 사람

내가 대학 수업하러 나갔을 때 일이다.

"인정받고 싶지 않은 사람? 손?"

전체 인원 중에 딱 한 여학생이 손을 들었다. 순간 정적이 일었고 그 학생에게 모든 시선이 집중됐다.

반면, 나의 속마음은 '이게 뭐지. 이런 반응 나오면 곤란한데. 헉!'

"그래, 세상엔 여러 생각을 가진 사람이 있으니깐." 이라고 말했지만 아무리 곱씹어 봐도 그건 아닌 듯싶었다.

그 여학생이 매우 의식됐다. 그래서 그 학생을 겨냥해 수업을 준비했다. 그 학생을 납득시킬 수만 있다면 다른 학생들은 저절로 따라올 것이라는 생각이었다.

그 여학생 자신은 남 의식도 안 하고 인정이라는 것도 별로 신경 안 쓴다고 말했다. 내가 말하는 의미의 인정은 큰 의미의 인정이 아니라고 말해도 막무가내식 반응이었다.

그럴수록 나의 수업은 철저히 그 학생을 겨냥해 진행됐다. 눈치채지 못 하게 말이다. 그러고 보면 내 고집도 참 대단하다.

그러던 어느 날, 상담 시간에 그 문제의 여학생이 찾아왔다.

솔직한 심정을 털어놓는 그녀를 보며 깜짝 놀랐다.

실은 자기가 원래 그런 사람은 아니라는 거였다.

"초등학교 시절 누구에게나 사랑받는 친한 친구가 있었는데 부유하고 예쁜 아이였어요. 저 역시 선생님께 인정받고 예쁨 받고 싶어서 수없이 노력했지만 늘 그 친구에게 밀렸어요. 그 이후로 더 이상 다른 사람들에게 인정받고 싶다는 생각이 들지 않았어요. 그래서 세상을 부정적으로 보기 시작했어요. 그런데 선생님 수업을 들으면서 제 생각이 옳지 않다고 느끼게 됐어요. 혹시 교수님 마음을 다치게 했다면 죄송해요."

나도 솔직한 마음을 전했다. 엄청나게 신경 쓰였었다고. 마음에 상처도 입었었다고 말이다.

졸업한 이후에도 그 여학생은 나를 찾아왔다. 한결 더 아름다워진 모습이었다. 그녀는 아나운서 준비 중이라고 했다. 나는 다시 한 번 깜짝 놀랐다. 그리고 얼마나 기쁘고 대견하고 뿌듯했는지 모른다.

특별히 하고 싶은 일도 없다던 여학생이 얼굴도 마음도 예뻐져서 나타나 열정이 가득 담긴 눈빛으로 나를 바라보고 있었다.

그 여학생에게 수업 내내 '난 널 인정하고 싶다. 그리고 넌 충분히 그럴만한 능력이 있다' 는 메시지를 전했다.

마침내 그녀와 내가 통했던 것이다. 그리고 그 학생은 다시 꿈을 키워가게 되었다.

우리는 누군가가 알아주지 않으면 너무도 쉽게 포기해버린다.

그 누군가들과 우리는 살아가지만, 그들을 의식한 나머지 진정한 자신의 모습을 잃는 경우가 있다. 그럴 때 옆에서 누군가가 잡아주면 커다란 힘이 된다.

🖊 신념이 인정받을 때 날개를 얻는다

박찬호는 메이저리그에 갔지만 일이 순탄치 않았다. 그는 마이너 리그까지 내려가서 밑바닥부터 다시 시작해야 했지만 그를 인정하고 격려해주는 토미 라소다 감독이 있었다. 박지성은 어떤가. 그에게 공이 오지 않아도 많은 움직임으로 공간을 창출하는 움직임을 유심히 본 히딩크가 어느 날 라커룸에 찾아와 칭찬하며 너는 틀리지 않았다고 말해주지 않았던들 소신을 지켜갈 수 있었을까? 싸이 역시 그가 힘들어할 때 선배 가수 김장훈이 조언을 해주며 그가 제대하자 같이 콘서트 하면서 자신감을 키워주었기 때문에 싸이는 다시 힘을 얻을 수 있었다.

물론, 자기의 모습에 신념을 갖고 뚝심 있게 밀어붙일 때라야 주변 사람들도 비로소 인정해 주기 시작한다. 박찬호, 박지성, 싸이 그 이외의 대중이 인정해주는 사람들은 어디서 먼저 인정해주기보다 스스로를 먼저 믿었기 때문에 포기하지 않았다. 하지만 그들이 슬럼프에 빠지거나 자신의 신념에 흔들림이 찾아왔을 때, 주위 한 사람의 애정 어린 조언이 장족을 내딛는데 커다란 힘이 되었음도 잊어서는 안 될 것이다. ▪

*

힘을 빼면 비로소 보이는 것들

방송 입문 시절엔 몰랐다. 내 목소리와 몸에 힘이 들어간 줄도 모른 채로 방송했다. 사실 신입을 지난 한참 후에도 그런 사실을 잘 몰랐다. 오로지 잘하고 싶은 맘으로 가득 차 있었다. 예전의 내 모습을 떠올려 보면 많이 부끄럽다. 그리고 그 모습을 지켜봐 준 이들의 너그러움에 고맙기까지 하다. 목소리, 눈빛, 온몸에 잔뜩 힘이 들어 간 상태에서 오랜 세월 많은 시청자를 만났다. 그런데 그때는 내가 어떤 상태인지 쉽게 깨닫지 못했다.

이 일을 오랫동안 반복적으로 하면서 점점 깨달아가는 부분들이 하나둘 생겨났다.

🖇 힘을 빼라고?

운동도 처음 배울 때 코치들이 하나같이 말한다. "힘을 빼라"고. 그런데 입문하는 당시엔 그 말을 이해하지 못한다. '도대체 힘을 어디서 어떻게 빼라는 거야?' 도통 알 수가 없다.

마음은 이미 프로처럼 하고 싶다. 하지만 보이는 모습은 초보도 이런 생초보가 없다. 야구, 골프, 수영 등의 스포츠에서 가장 중요하게 여기는 것이 기본자세를 익히면서 최종적으로는 힘을 빼는 것이라고 한다. 골프채를 처음 휘두를 땐 얼마나 딱딱한지 모른다. 몸과 채가 정확한 폼으로 유연하게 하나가 되어 움직여야 힘 전달이 잘 되어 공도 멀리 보낼 수 있다. 수영도 물속에서 발차기부터 시작한다. 발차기는 다리부터 발바닥까지 뻣뻣하게 힘이 잔뜩 들어간다. 하루아침에 마음먹은 대로 움직여주면 좋겠지만 쉬운 일이 아니라는 것을 배우는 수강생은 안다.

반복적으로 같은 동작을 하다 보면 어느 순간 머리와 몸으로 오는 신호를 느낄 때가 있다. 한 번의 느낌으로 된 것 같지만, 이내 또 잘 안되기도 한다. 이런 순간들이 지속적으로 반응이 오가다 보면 오롯이 자신만 느낄 수 있게 되는 타이밍이 있다. 즉, 의식하지 않아도 자연스럽게 그 동작이 이루어지는 순간이 온다. 마치 안 보고 타이핑을 하게 되는 때처럼 말이다. 그 이후부터는 자유롭게 즐기면서 하게 된다. 처음부터 '난 즐길 수 있다'라는 것은 어폐가 있었던 거다. 제대로 즐길 수 있을 때는 머리와 몸이 하나로 컨트롤되며 자유로워졌을 시점이다. 그때가 바로 '힘을 내 의지대로 뺄 수 있을 때'인 것 같다. 초보일 때, 누군가를 흉내 내기만을 할 땐 절대 힘을 빼는 방법을 알지 못한다.

🖇 능숙해진다는 것

힘을 빼는 순간 진정한 나의 모습이 보이기 시작한다. 이 정도의 수준에 도달하기 위해선 반복적으로 같은 일을 해나가면서 스스로 깨닫는 시간이 필요하다. 그 시간을 생략하고서 힘을 빼고 자유로워질 거라는 기대는 버려야 한다. 대부분 그 시간이 힘들어서 중도에 포기해버린다. 그리고 그것을 해봤다고 말한다. "해봤는데 안 되더라"라고 말이다.

뉴스 데스크에 처음 앉았을 때가 생각난다. 그땐 오로지 원고와 앞에 놓인 카메라 밖에 보이질 않았다. 주변의 말들도 잘 들리지 않았다. 시간이 흐른 뒤에 후배들을 봤더니 그들도 그런 모습으로 앉아 있었다. 지금의 난 데스크에 앉아서 거울도 여유롭게 볼 수 있고, 마이크가 올바르게 놓였는지도 보이고, 기사에 오타도 찾아보고, 스튜디오 안에 놓인 TV 속 내용도 귀에 잘 들려온다. 처음엔 주변이 캄캄하게 느껴져서 뭐가 있는지 몰랐는데 보이기 시작한다. 그러면서 긴장하고 있는 내 몸의, 마음의 상태도 보인다. 거기서 힘을 의식적으

로 빼보기도 한다. 이런 상태를 자유의지대로 조절하고 있는 모습도
보이기 시작한다.

게스트의 인터뷰에서도 질문할 말만 생각하고 있던 내가 상대방의
말을 듣고 있다. 약간의 여유도 부린다. 대본에 없던 질문들도 하나
둘 꺼내보기도 한다. 게스트의 긴장 상태를 체크해서 적당히 풀어주
는 센스도 발휘해본다. 전체적인 이런 분위기는 숙련된 자에게서 느
껴지는 진행 리더십일 것이다. 자신의 모습만 보다 주변까지 아울러
보게 되는 여유를 갖게 된다.

단어 하나하나에 힘을 잔뜩 실어서 읽었던 시절이 있었다. '그때
알았더라면 부끄럽지 않았을 텐데' 라고 막연히 생각도 한다. 하지만
그 시간을 거쳤기에 지금의 깨달음이 있는 것이다. 몸으로 익히고,
마음으로 인지하는 과정들이 반복적으로 이뤄졌을 때 힘 조절이 가
능한 유연함이 생긴다.

자유롭게 지금보다 많은 것을 보고 싶다면 몸과 마음으로 익혀지
는 과정을 생략하지 말길 바란다. 힘을 뺀다는 것은 자연스러워지는
것을 의미한다. 자연스러워졌다는 것은 경험이 쌓여 익숙해졌다는
뜻이고 익숙하기 때문에 여유도 생겨난다. 여유가 생겼을 때 강약을
조절할 수 있는 유연함이 갖춰지는데 그 유연함으로 전체를 컨트롤
할 수 있는 장악력이 생긴다. 그것을 사람들은 프로페셔널하다라고
말한다.

뜨거울 때는 맛을 느끼지 못한다

요리 전문가들은 뜨거운 국물의 간을 어떻게 볼까?

우리는 숟가락으로 휘휘 저은 후, 살짝 떠서 바로 입안으로 넣어 간을 본다. 그 상태에서 짠지 싱거운지를 판단해버리곤 한다. 그런데 전문가들은 작은 접시를 준비해서 거기에 따로 떠 놓고 살짝 식혀서 맛을 본단다. 그때야 비로소 진정한 맛을 느낄 수 있다고 한다.

보통 열 온도가 높으면 짠맛보단 단맛이 더 빨리 올라오지만, 온도가 낮을 때는 짠맛이 올라온다고 한다.

그래서 아주 식혀진 음식들 간을 보면 뜨거울 땐 몰랐는데 짜다고 느끼는 일도 생긴다.

일과 사랑도 음식과 비교했을 때 너무 뜨거운 상태에서 판단하는 것이 아닌가 하는 생각이 든다.

📎 조급함으로 활활 타올랐던 시절

아나운서로 갓 입사했던 당시를 떠올려 보면 좋으면서도 혼란스러울 때도 잦았다. 뭔가 조금 되는가 싶다가도 어느 순간 난 아닌가 싶어 와르르 무너지기를 수없이 반복했다. 그런 마음조차 누군가에게 들키고 싶지 않았다.

가끔은 정말 원하던 일을 택했던 그 설렘 가득한 신입 시절을 떠올린다.

그땐 아나운서로서의 나의 정체성을 하루빨리 찾고 싶었다. 나 이외의 다른 아나운서들은 모두 고유의 색깔을 갖고 있는데, 나는 뭘까? 나는 어떤 방송인인가? 내 색깔은 무엇인가를 고민했다. 왜 생각한 대로 제대로 표출되지 않는 걸까? 난 이 일을 좋아는 하지만 적성은 부족한 걸까? 이런저런 생각으로 혼란스러운 시기가 있었다.

맘은 이미 프로인데 프로처럼 보이지 않고 어정쩡함만 계속되는 시절이었다. 그럴 때마다 누군가를 흉내 내기에 급급했던 것 같다. 어떤 것이 진정 내 목소리이고 내 표정인지도 알지 못했다. 돌이켜보니 맘은 활활 타오르는데 진짜 방송의 맛을 제대로 느끼지 못하면서 일을 했던 것이다.

그땐 참으로 뜨거웠구나……. 오히려 너무 뜨거워서 방송의 맛을 모르고 다녔구나 싶다.

그 당시 혼란스러웠던 게 당연하다. 난 고민의 과정 없이 바로 프로가 되고 싶은 마음이 앞섰던 모양이다. 온도가 올라가고 혼탁해지고 식혀지고 하는 과정이 반복되면서 점점 보이기 시작하는 것들이 있다는 것을 최근에야 깨닫는다. 마치 쇠를 날카롭고 강한 칼로 만들기 위해 수없이 달궜다가 식혔다가를 반복해 담금질해야만 최상의 칼이 만들어지듯이 말이다.

🖉 성숙해진다는 것

10여 년이 지난 지금, 방송이 무엇인지 조금은 알 수 있게 됐다.
더불어 내가 나아갈 길도 확고하게 정리되기 시작했다.
내가 잘할 수 있는 것, 내가 포기해야 할 것 등등을 구별할 수 있게 되면서 내 색깔도 만들어진다.

연애도 마찬가지다. 뜨거울 땐 보이지 않던 것이 살짝 식으면서 보이는 것들이 있지 않은가.

살짝 식혀진 상태에서 보이고 느끼는 것들이 진짜다. 그것들을 매의 눈으로 직시하면서 이 사람과 계속 가도 되겠다 싶으면 결혼까지 가는 것이 현명하다. 흔히 가장 뜨거운 연애를 하고 있을 때 결혼을 결정하고 훗날에 "이건 아니었다"라고 한탄하기도 한다.

너무 뜨거워서 무감각할 때 뭔가를 판단하려 하면 가짜 맛만 느끼고 숟가락을 내려놓는 꼴이 된다.

혹시 내 마음이 너무 뜨거워서 혼란스럽다면 살짝 식혀지는 그 지점이 오길 기다려 보자. 그때가 진짜 맛을 가늠할 수 있는 정확한 시점이다.

어렵겠지만 아주 살짝만 자신과의 거리를 두고 '호호' 불어서 식혀보길 바란다. 그런 후에는 냉철해진 두뇌로 적확한 판단을 내릴 수 있을 것이다.

████████████████████████████████████

세상을 향한 진정성과 진지함이 묻어나는 사람

그녀는 이팝나무처럼 따뜻하고 환하다.

그녀를 처음 봤을 때 '장미'를 닮았다고 생각했다. 그만큼 아름답고 도드라지는 존재감이 있었다. 게다가 어찌나 야무지고 깔끔한지 빈틈도 없어 보였다. 과연 '방송의 꽃'이라는 아나운서에 적합한 인재라는 느낌을 받았다.

몇 년이 흘렀다. 이제 그녀를 볼 때마다 '이팝나무'가 떠오른다. 푸짐하게 담은 하얀 쌀밥을 닮아, 그래서 가난하고 서글픈 사람들의 마음을 환하게 채워줬다는 그 나무 말이다. 눈부시게 하얀 꽃무더기는 그녀의 환한 미소와 꼭 닮았고, 이팝나무의 넉넉하고 따뜻한 마음은 그녀의 속 깊은 성정과 어찌나 비슷한지 모른다.

박근아 아나운서는 그녀의 말마따나 '반전 있는 여자'다. 새침데기 서울여자가 아닐까 했더니 장수군 첩첩산중 산골짜기에서 나고 자란 전라도 여자란다. 처음부터 잘나갔던 아나운서인 줄 알았더니 계약직부터 시작해 어려움도 많이 겪었단다. 그녀의 프로페셔널한 방송진행도 지독한 연습으로부터 나왔고, 앵커 · 진행자 · 스피치 강사 등 다양한 분야에서의 활약상은 실패를 두려워하지 않는 도전정신이 있었기에 가능했단다. 무엇보다도 그녀는 자신의 재능과 능력을 많은 후배들에게 나눠주는 데에 열심이다. 홀로 화려하게 피는 꽃보다는 함께 하는 아름다움을 소중히 여기는 사람이 바로 박근아 아나운서다.

알고 보면 그녀는 '반전'과는 거리가 멀다. 성공에는 오직 끊임없는 노력과 정진만 있을 뿐, 반전이나 묘수 따윈 통하지 않음을 믿어 온 사람이기에 그렇다. 그래서인지 그녀의 책에는 세상을 향한 진정성과 진지함이 묻어난다. 책장을 넘길수록 그녀가 질리지 않는 아름다움과 멈추지 않는 꿈을 지녔음을 느낀다. 우연인지 모르겠으나 그녀를 닮은 이팝나무의 뜻이 '영원한 사랑', '자기 향상'이라니 더욱 잘된 일이다 싶다. 앞으로도 지역민의 사랑 속에 힘차게 앞으로 나아가는 그녀의 모습을 오랫동안 만나고 싶다. 이팝나무처럼 따뜻하고 환한 그 미소와 함께 말이다.

송하진 전북도지사

99도의 열정에
1도를 높여주는 사람이고 싶다

간혹 흘리면 안 될 자리에서도 눈물을 흘린다.

그다지 친하지 않은 이의 결혼식장 가서도 신부 입장하면 눈물이 난다.

남의 집안 이야기 들어주다가도 동요되어 눈물이 난다.

드라마, 영화 보다가 눈물짓는 것은 당연지사다.

차라리 그럴 때만 눈물 흘리면 좋으련만 방송 생활하면서 프로그램 종영 때만 되면 꼭 눈물이 난다.

참으려고 애를 써도 어쩔 수 없다. 그래서 곡해가 생기기도 한다.

내가 프로그램에서 내려가는 것이 억울해서 우는 것이라고 오해하는 것이다.

보는 이에 따라서는 그럴 수도 있을 것 같다.

눈물을 흘리지 않으려 해도 그게 쉽지 않다.

◆ 누구나 99도의 열정을 갖고 태어난다

내가 왜 그럴까 곰곰이 생각해 보고서야 알게 됐다. 그건 매 순간 방송에 임할 때마다 남은 알아주지 않더라도 최선을 다하려 했던 내 모습이 스쳐 지나가서이다. 스텝들과의 미운 정 고운 정도 떠오른다.

아쉬움이 남아서가 아니라 온 열정을 쏟아 부은 그 프로그램들을 자식과 같이 사랑했기 때문이었다.

그래서 나쁘게 하차하는 것도 아닌데도 마치 남이 보면 억울한 것처럼 그렇게 눈물 바람을 앞세우기도 했다. 때문에 다음날은 매우 민망스러워 진다.

매 학기 학생들과 종강할 때도 역시 애써 눈물을 참으려 해도 결국 울고 만다.

학생들과 보냈던 시간들이 영화 필름처럼 스쳐 지나간다.

수업 시간에 만난 학생들의 눈빛이 자꾸 떠올라서 울렁거리는 마음을 주체할 길이 없다.

교양수업이지만 일일이 이름을 기억하려 애썼고, 그들이 고민하는 게 무엇인지 귀 기울이려 했다.

진심으로 대했더니 학생들도 진심으로 다가와 줬다.

누가 그들에게 열정이 없다고 말했는가 싶을 정도로 숨은 열정도 맘껏 뿜어 내주었다.

누구에게나 태어나면서부터 삶에 대한 욕심이 있다. 점점 나이가 들면서 그 열정이 현실에 부딪히면서 꺾일 뿐이다. 그래서 자신이 열정이라는 게 있나 느끼지 못하는 사람들이 많다.

누구나 99도의 열정을 갖고 태어난다.

단지 1도가 부족해서 전혀 티가 나지 않는다. 가끔은 열정의 온도가 영하로 떨어지기도 한다. 그 상태를 우리는 흔히 우울증이라고 말한다. 영상과 영하를 오가는 감정을 조울증이라 한다.

숨은 1도만 찾아서 높여 주면 학생들은 홍조 띤 얼굴을 보인다. 당장 뭐라도 할 수 있을 것처럼 심장이 뛰는 것을 느낄 수 있다. 그 홍조는 이미 마음속 열정이 있다는 증거다.

난 그런 기운이 정말 좋다.

◆ **다시 끓게 하고 싶어서 나는 또 준비한다**

그런데 아쉽게도 수업이 끝난 후엔 금세 99도로 내려가 버린다. 의지와 끈기가 있는 학생들만이 그 마음을 이어간다.

다시 끓게 하고 싶어서 1도를 높일 수 있는 에피소드들을 나는 또 준비한다.

그런 나의 노력이 통한다.

무한한 가능성이 있는 이들을 누군가가 이끌어주기만 한다면 충분히 멋진 인생들을 만들어 갈 것이라는 희망을 본다. 어떤 어른들은 끓지 않는다고 열정이 없다고 너무 쉽게 예단하는 것은 아닌지 모르겠다. 그들은 언제든지 끓을 준비가 되어 있다. 1도만 줘보자. 나는 여러 번 느껴왔다.

올려놓은 뜨거운 심장들을 정기적으로 만날 수 없음에 마음이 아려온다. 이런 마음이 담긴 과정들이어서일까. 매번 뜨거운 눈물이 북받쳐 오른다.

눈물을 흘리지 않으려 해도 그게 쉽지 않다.

부끄러움*은
많은 것을
가로막는다

부끄러움은 타인의 시선을 너무 의식하는 것이고,

자신의 생각이 확고하지 않기에 눈치를 보는 것이다.

확신을 얻기 위한 치열한 고민이 있어야 한다.

고민은 생각을 바꾸고,

생각이 확신에 이르러 의지와 만날 때 자신감이 생긴다.

책을 낸 후 여러 도전을 시도 중이다. 그중 하나가 전원에 집을 지어 이사하는 것이었다. 주변 지인들 대부분이 우려 섞인 말을 했다. "아니 왜? 불편하지 않을까?" "젊은데, 너무 이르지 않아?" "아이가 아직 어린데 교육은?" 나 역시 '무모한 일일까!'하고 잠시 생각했다. 하지만 젊어서 안 되고, 아이의 교육 때문에 안 된다는 것이 이유라면 더 이상 고민할 필요가 없었다. 오히려 아이가 땅에서 뛰어놀길 바라고, 우려하는 것처럼 불편하지 않을 거라는 확신이 있었다. 다들 한 번쯤은 자신만의 색깔이 담긴 집을 짓고 싶다는 로망이 있다면, 나이 들어서 몸이 불편해질 때쯤이 아닌 지금이 적기라 판단했다. 실버가 될 즈음엔 텃밭 가꾸기도 힘들고 그때야말로 병원 한번 나서기가 불편하겠다 싶었다. 그렇다면 건강한 지금이 그 적기 아니겠는가.

처음 우리 부부가 선택한 땅 인근엔 아직 분양되지 않은 곳이 많아 황량함 그 자체였다. 보이는 집은 달랑 몇 채뿐이었다. 그러다 보니 살피기만 할 뿐 분양 결정을 내리지 못하는 이들이 많았다. 그 황량함을 본다면 많은 이들이 주거지로 선뜻 결정하기 어려울지도 모른다. 하지만 지금껏 여러 도전을 했듯이 이번에도 잠시 주저하다 용기를 냈다.

🖋 지금을 위한 선택

　우리 부부만의 색깔을 담은 집을 짓기로 했다. 여러 시도를 하다 보면 실패도 있지만 경험이 쌓인다. 몇 차례 리모델링했던 경험이 자신감의 밑거름이 된 것이 틀림없다. 심플한 가운데 정확한 색을 주자! 라는 것에 포인트를 맞췄다. 화이트 톤 집에 들어오자마자 바로 보이는 주방 위치에 주목했다. 집안 분위기는 싱크대가 크게 좌우한다. 대부분의 집 싱크대는 천편일률적으로 흡사하다. 여기서도 보고 저기서도 봤던 싱크대들이다.

　한동안 싱크대를 고르다 보니 신기하게도 우리나라 사람들의 성향이 결정적인 순간엔 개성보다는 무난한 편을 선택한다는 것을 알게 됐다. 공급되는 것들도 보편적인 색상과 모양 일색이다. 관계자분들도 하나같이 "무난한 것이 오래가고 좋습니다. 나중에 판매하실 때도 생각하셔야죠." 한다. 순간 데자뷰를 느꼈다. 언젠가 들었던 말이다.

리모델링할 때마다 자주 듣던 말이다. 그렇기에 우리는 흔들리지 않았다. 오히려 그 무난함이 훗날 더 골칫거리가 될 수 있음을 알기 때문이다. 엇비슷한 것들 사이에는 경쟁력이 떨어진다. 오히려 자신만의 색을 담는다면 비교우위가 생겨 알아봐 주는 이가 분명히 나타난다. 첫 번째 집도 두 번째 집도 그렇게 우리는 새 주인을 금세 만나 팔 수 있었다. 지금을 위한 선택이 사는 동안도 기분 좋게 하며 나중에 떠날 때도 수고롭지 않다는 것을 잘 알고 있다.

싱크대는 오렌지색으로 최종 결정했다. 아마 그 색상을 고집하지 않았다면 우리는 다른 부분을 더 특별하게 하길 원했을 것이다.

📎 용기를 내기 위한 생각 성형

여러 의견들 속에 우리만의 색을 담은 집을 마련하고 또다시 느낀다. 이러한 도전을 하기 잘 했다고. 그 후로 집이 하나 둘 지어 올라가는 모습을 본 사람들이 인근에 땅을 사기 시작했다. 현재 백퍼센트 분양완료다. 특히 친언니에게 함께 집을 짓자고 권유했을 당시 언니는 상당히 고민했다. 확신이 없다는 게 이유였다. 집이 모습을 드러내고 거주하는 모습을 지켜보면서 요즘 언니는 "그 때 선택할 것을……."하며 종종 푸념하곤 한다. "너희들 그 때 주변에서 그렇게 말려도 하길 잘 했다."

실체를 보기 전 상상만으로는 두렵기 마련이다. 그 실체를 보여주기 위해서는 누군가는 상상을 현실로 만들어야한다. 간혹 그게 나였으면 하는 바람으로 이번에도 부딪혀본다.

우리는 종종 먼저 그 길을 헤치고 가는 것을 주저한다. 누군가가 만들어 놓은 길이 아니라면 선택하려 하지 않는다. "모난 돌이 정 맞는다." "하지나 않으면 중간이나 가지." "앞이나 뒤보다 가운데가 가장 안전하다."는 말에 익숙해져 있다. 만약 자신이 생각하는 길 앞에서 망설이고 있다면 실패하더라도 헤치고 가보길 권한다. 수풀을 헤치고 가야만 길이 생긴다. 그럼 분명 그 길을 걷는 이들이 있거나, 새롭게 길을 만들려는 이들도 만날 것이다. 자신의 색을 담고 길을 만들어 가는 데에는 용기가 필요하다고 집을 빗대어 말해봤다.

지금 우리 가족은 우리만의 콘셉트를 살린 집을 지은 결정에 문득문득 뿌듯해 한다. 이 모든 게 지나온 숱한 도전적인 '생각성형'이 있었기에 가능했다.

마음 깊숙이 움츠려 있는
나약한 자아를 감싸는 보호막을 깨부수고
용기를 끌어내
자존감을 찾아주고 싶었어요.

*해보면
알게 되죠
생각보다
어렵지
않다는 것을..*

꽤 많은 스피치 강사들이 어렸을 때 말이 서투른 사람들이었다는 고백에 놀라곤 합니다. 저 역시 목소리가 남자 같은 저음이라 말하는 것을 꺼렸던 아이였거든요. 계속 피하다 보니 문제가 많았어요. 말을 못하는 것은 의사전달에 상당한 불편을 주더군요. 고쳐야겠다고 생각했죠. 수많은 교정의 노력을 기울였더니 목소리의 변화를 경험하게 됐어요. 나도 할 수 있다는 자신감이 생기더군요. 그 후로 목소리가 좋다는 소리를 자주 듣게 되면서 다른 사람들에게도 인정받게 되었습니다.

놀랍지 않나요? 어느새 약점이 장점이 돼버린 거예요. 그 칭찬으로 더 잘하기 위해 노력했어요. 전에 변화를 경험했기에 시간을 들이면 더 잘하게 된다는 것을 알고 있거든요. 그렇게 아나운서가 되었고 단순한 스피치보다는 생각 성형을 유도하는 스피치 강사의 길을 걷게 됐죠.

이런 과정을 통해 알게 된 것이 있어요.

자신이 잘하는 것은 다른 사람보다 더 많은 시간을 들였던 것이라는 것을요.

그리고 해봐야 잘하는 것을 알게 된다는 것도 말이죠. 그때 용기를 내지 않았다면 저는 아직도 목소리에 콤플렉스를 가진 말 서투른 사람이었겠지요. 저를 바꿨던 것은 부끄러움을 내려 놓고 조그마한 용기를 낸 것이었어요. 그것이 무한한 기회와 부러움을 얻게 해줬지요.

부끄러움과 부러움의 차이는 무엇일까요?

한 '끄' 차이에요. 부끄러움에서 '끄'자를 빼면 부러움이 되거든요. ^^*

삶에서 이 '끄' 없이 산다는 건 쉽지 않아요. 여전히 내게도 어려운 일이에요. 하지만 "어색함도 반복되면 익숙해지고, 익숙함이 반복되면 능숙해진다."는 말처럼 숱한 경험 끝에 깨달았어요. 지금은 부끄러움 때문에 어색해서 피했던 것들을 하나둘 '생각성형'으로 고쳐나가면서 점점 능숙해지고 있어요.

첫출발은 진심을 다해 글로 옮겨 보자였어요. 오랜 시간 '생각성형' 했음에도 또다시 찾아오는 부끄러움은 출간을 앞둔 순간에도 사라지지 않더라고요. 시중에 책이 깔린 순간에도 머릿속엔 온통 부끄러움으로 가득했어요. 주변 사람들이 어떻게 생각할까? 라는 것이 가장 큰 두려움의 뿌리였지요. 그 뿌리를 뽑으려 했던 나만의 문구가 있어요.

'비교……그거 하는 순간 아무것도 할 수 없다. 난 나다. 완벽…… 그거 추구할수록 아무것도 할 수 없다. 난 그냥 한다.'

이 문구로 일렁이는 마음을 잠재웠습니다. 이제는 두려운 순간에 놓일 때마다 떠올리는 문구가 됐어요. 더불어 독자들의 응원 메시지가 굳건하게 마음을 다잡게 해주었지요. 정말 감사드립니다. 부끄러움은 잠시였어요. 이 책 한권으로 먼 곳에서 저를 만나러 와주시고, 메일을 보내주시고, 선물을 보내주시고, 진로를 변경하고, 자살을 기도하던 이가 새로운 삶을 설계했다는 소식을 접하면서 이루 말할 수 없는 감동으로 뭉클해졌습니다.

세상에 책을 내놓길 잘했다고 다독이는 시간들이 많아질 무렵 출판사에서 2판 소식을 알려왔어요. 과분하게 받은 감동을 독자에게 새로이 손질된 판으로 보답할 기회가 주어진 것이죠. 첫 책의 아쉬움이 없지 않았던 터라 더없이 좋은 소식이라 여겼어요. 하지만 이번에도 완벽해지려 하지는 않아요. 완벽을 추구할수록 아무것도 할 수 없다는 것을 이제는 알고 있으니까요. 많은 분들이 스피치에 관한 이야기를 더 넣어주었으면 하는 주문도 있었는데요. 그것은 다음 책에 제대로 다뤄볼 예정입니다. 지금 조금씩 집필 중이에요. ^^*

아나운서로 15년여를 불려 왔는데 책과 강연으로 최근 저에게 새로운 이름들이 생겼습니다. '생각성형 전문가' '힐링테이너' '스피치 전문가'에요.

전 아주 일찍이 누군가에게 희망이고 싶었어요. 방황하는 누군가의 삶에 조금이라도 변화를 주고 싶은 막연한 생각을 어릴 적 마음속에 담고 있었거든요. 그것이 구체화되어 아나운서의 길을 택하게 했습니다.

왜냐구요? 그냥 정말 하고 싶은 꿈이었어요. 무조건 이루고 싶었어요. 그래야만 희망이 될 수 있을 것 같았어요. 더구나 주위에서 "넌 안돼 그 길 힘들어" 라고 했기에 더 보여주고 싶었던 오기도 생겼던 것 같아요.

영화 〈명량〉에서 이순신 장군은 아들과 다음과 같은 대화를 나눕니다.

"이 두려움을 용기로 바꿀 수만 있다면……."

"아버님! 그럼 그걸 어떻게 보여 줄 수 있단 말입니까?"

"내가 죽으면 된다……."

그럴 각오로 이순신 장군이 전장 맨 앞으로 나서니 안 된다고 뒤로 물러섰던 이들이 비로소 용기를 내기 시작합니다.

이 장면이 지금까지 인상적인 기억으로 남아 있어요.

누군가 두려움의 반대는 용기라 했다지요. 그 용기를 누군가는 앞장서서 보여줘야 합니다. 분명 그것을 알아본 이들은 희망을 품을 수 있다 생각합니다. '저 사람이 해냈으니 나도 할 수 있다.' 라는 마음을 책에도 강연에서도 줄곧 전하고 있습니다.

예전에 "아나운서의 꿈을 이뤘는데 그다음 꿈은 무엇입니까?"라는 어떤 학생의 질문이 저를 한참이나 멍하게 했던 적이 있어요. 저를 돌아보게 만들었죠.

그 이후 조금 더 구체적으로 다음 꿈을 꾸기 시작했는지도 몰라요. 꿈은 이루는 순간 꿈이 아니게 되잖아요.

간절히 바라던 대기업 입사, 공무원 합격, 언론사 입사, 결혼 등으로 이후의 삶을 놓아버리는 이들이 많습니다. 큰 그림이든 작은 그림이든 그것을 그리고 있는 순간엔 살아 있음을 느낍니다. 그 이후의 삶도 뜨겁게 꿈꿨으면 합니다. 멍하니 하루를 주어진 대로 시킨 대로 살아간다면 재미없고 지루한 삶이 되지 않겠어요?

"당신의 다음 꿈은 무엇입니까?(what is your next dream?)" 라는 질문은 꿈을 이룬 사람에게도, 꿈을 이루지 못 한 사람에게도 던지고 싶은 질문이에요. 제가 그런 길을 걸었기에 방황하는 이들에게 '와인드(wynd: what is your next dream? 질문의 축약어, 원래 단어 뜻은 '작은 길'이다.)'로 다가가길 소망합니다.

어제보다 성장한 나의 모습을 느낄 때가 행복이라 생각해요. 누군가와의 비교가 아닌 자기 자신과의 비교로 성장하는 이들이 점점 많아지길 바라봅니다.

이 책이 그런 마음을 더욱 굳건하게 만들어 주는 강장제가 됐으면 좋겠습니다. 그 강장제가 당신의 부끄러움의 '끄'를 빼낼 수 있는 용기를 심어주길 바랍니다.

이후엔 당신이 누군가에게 부러운 삶의 주인공이 될 수 있기를 바랍니다.

저는 꿈꿉니다.

이번에 새롭게 단장한 이 책으로 더 많은 주인공들이 탄생할 것을…….

그래서 그들을 상상하고 꿈꾸는 지금이 좋습니다.

용기를 내세요. 하지 않으면 아무것도 바꿀 수 없습니다.

당신의 인생을 응원합니다!

2014년 가을과 겨울 사이

생각성형 전문가 박근아